Apokalypse und Spiritualität

Autor: Wolf E. Matzker © 2025

Verlag: BoD · Books on Demand GmbH, Überseering 33,
22297 Hamburg, bod@bod.de

Druck: Libri Plureos GmbH, Friedensallee 273, 22763 Hamburg

Cover: Toter Wald auf dem Uhlenkopf; Rückseite: Friggas Klippen mit
mächtiger Buche

ISBN: 978-3-7693-2516-4

Apokalypse und Spiritualität

Naturreligion in Zeiten der Klimakatastrophe

Wolf E. Matzker

Inhaltsverzeichnis:

1. Einleitung

Wir leben in apokalyptischen Zeiten.

Man muss nur durch einen Wald gehen und sich die Lage nüchtern anschauen. Man sieht und erkennt genug Zeichen.

Es gab in der Geschichte immer apokalyptische Zeiten. Immer gab es Untergänge. Ganze Weltreiche kamen und verschwanden wieder. Ganze Städte sind untergegangen.

Im Fernsehen gibt es Filme mit dem Obertitel *ancient apocalypse*. Der Untergang der Minoer. Der Untergang der Zivilisation auf der Osterinsel, Rapa Nui. Der Untergang von Atlantis. Da mag mancher gähnen, aber der Vulkanausbruch auf Santorin ist eine Tatsache und die Zerstörungen in der Folge sind auch eine Tatsache. Es geht also um Fakten. Der Untergang von Helike, einer Stadt im Golf von Korinth. Der Untergang von Sodom und Gomorra. Das sind nur ein paar Beispiele. Die Liste ist vermutlich endlos. Am Ende kommt die ultimative Auslöschung, wenn die Erde von der Sonne verbrannt wird.

Forscher suchten und suchen nach Ursachen. Thor Heyerdahl dachte vor vielen Jahrzehnten bei Rapa Nui an den Ökozid. Vernichtung einer Zivilisation durch ökologische Zerstörungen. Aktuell ist die Menschheit da auf dem besten Wege. Aber es gab andere Ursachen, damals auf der Osterinsel. Wie bei den indigenen Völkern in Nordamerika brachten die weißen Eroberer Krankheiten: Pocken und Syphilis. Ganze Völker haben sie ausgerottet. Gewollter Genozid. Oder einfach als Unfall, als Schicksal. Wenn man es nicht besser weiß und keine Ahnung hat, dann verbreitet man Krankheiten. Wenn man Menschen pockenverseuchte Decken schenkt, dann hat man einen Vernichtungsplan gehabt.

Besonders perfide und gemein war und ist der Menschenhandel, die Sklaverei. Vielleicht am verwerflichsten von allen menschlichen Gemeinheiten. Auf Rapa Nui wurden einfach Menschen gefangen und verschleppt, nach Peru, um dort Sklavenarbeit in Baumwollplantagen zu verrichten.

Soweit zu den Menschen und ihrem Frevel.

Aber die Natur ist gut und lieb. Mancher Romantiker mochte oder mag so denken. Die Natur kann auch ein brutales Monster sein. Vulkanausbrüche sind ein beliebtes Vernichtungsprogramm von Mutter Erde, die dann nicht ihr liebes Gesicht zeigt, sondern die Fratze von Kali. Dann ist Schluss mit der Spaßkultur, und Pompeji ist ausgelöscht. Pompeji, die berühmte Stadt in der Nähe des Vesuv, der 79 nach Christus ausgebrochen war. Die kultivierte und wohlhabende Stadt wurde mit einer meterhohen Asche- und Bimsstein-schicht bedeckt. Inzwischen wurde ein großer Teil wieder ausgegraben.

Die von mir sehr geschätzte psychedelische Gruppe Pink Floyd hatte in den frühen siebziger Jahren dort ihre ungewöhnlichen Musikstücke der An-fangsjahre gespielt. Das sind mehr als fünfzig Jahre her. Zeiten gehen auch unter. Verschwinden im schwarzen Loch der Vergangenheit.

Es gibt objektive Katastrophen, die alle betreffen, z.B. eine Sturmflut an der Nordseeküste. Es gibt persönliche Katastrophen, die nur eine Person be-treffen, wie das Ende einer Ehe oder ein früher Tod.

Das Gegenstück zu Apokalypsen sind friedliche Regionen und Zeiten. Mancher mag denken, dass es sie nie gegeben hat. Vermutlich waren schon die Menschen der Steinzeit brutal und haben feindliche Gruppen mal eben ausgelöscht, weil man das Land und seine Ressourcen nur für sich wollte. Man wollte und konnte nicht teilen. Es gab nicht genug. Seltsamerweise stelle ich mir die Jungsteinzeit als eine friedliche Welt vor, Jahrtausende vor den ersten Hochkulturen, als eine Zeit vor den Kriegen, den Massakern und den Machtapparaten. Ich stelle es mir vor, obgleich die Realität wohl eher eine andere war.

Die Frage, die sich mir stellt: **Wie kann man spirituell sein?** Zu welchen Göttern soll man beten? Es gibt objektiv keine friedliche und harmonische Welt, sondern einen globalen Kriegsschauplatz. Es greifen keine Götter ein, so wenig wie es intelligentere und helfende Außerirdische gibt. Also wie, wenn die alten Formeln alle wirkungslos waren und sind?

Aquarell: Heilungsritual für die Erde mit Spirale und Sonnensymbol

Symbol für den Weltenbaum

2. Ragnarök, Götterdämmerung, Untergang einer Welt

Aus der Prosa-Edda von Snorri Sturluson. Ein paar kleine Veränderungen von mir.

„Zum ersten, daß ein Winter kommen wird, Fimbulwinter genannt, Schreckenswinter. Endloswinter. Da stöbert Schnee von allen Seiten, da ist der Frost groß und die Winde scharf, und die Sonne hat ihre Kraft verloren. Es kommen drei Winter hintereinander und kein Sommer dazwischen. Zuvor kommen aber drei andere Jahre, da die Welt mit schweren Kriegen erfüllt sein wird. Da werden sich Brüder aus Habgier ums Leben bringen und der Sohn des Vater, der Vater des Sohnes nicht schonen.

Brüder befehden sich und fällen einander,
Geschwisterte sieht man die Sippe brechen,
Unerhörtes ereignet sich, großer Ehebruch.
Beilalter, Schwertalter, wo Schilde klaffen,
Windzeit, Wolfszeit, eh die Welt stürzt.
Der eine achtet den anderen nicht mehr.

In der Apokalypse, im germanischen Weltuntergang, kommt alles zusammen. Naturkatastrophe, sozialer Zerfall und Dekadenz. Wir haben eine menschliche und eine kosmische Katastrophe!

Da geschieht es, was die schrecklichste Nachricht dünken wird, dass der Wolf (Skohl = Spötter) die Sonne verschlingt, den Menschen zu großem Unheil. Der andere Wolf (Hati = Hasser) wird den Mond packen und so auch großen Schaden tun, und die Sterne werden vom Himmel fallen. Da wird sich auch ereignen, dass die Erde so bebt, dass alle Ketten und Bande brechen und reißen. Da wird der Fenriswolf los, und das Meer überflutet das

9

Land, weil die Midgardschlange wieder Jotenmut (= Riesenmut, Riesen-power) annimmt und das Land sucht.

Also alles eine totale Entfesselung. Jedes Maß, jedes Gleichgewicht wird überschritten. Die absolute Naturkatastrophe. Es kommt das Totenschiff, die Zeit der Ungeheuer, alles wird jetzt fürchterlich, Gift und Feuer zerstören die Welt. Entfesselte Zerstörung kennt keine Grenzen. Entfesselte Aggression kennt kein Limit. Alles läuft aus dem Ruder, wie man so sagt.

Da wird auch Naglfar flott, das Schiff, das so heißt und aus Nägeln der Toten gemacht ist, weshalb es Brauch ist, dass, wenn ein Mensch stirbt, ihm die Nägel nicht unbeschnitten bleiben, womit der Bau des Schiffes Naglfar beschleunigt würde, den doch Götter und Menschen verspätet wünschen. Bei dieser Überschwemmung wird auch Naglfar flott.

Hrymir heißt der Riese, der Naglfar steuert. Der Fenriswolf fährt mit klaffendem Rachen umher, dass sein Oberkiefer den Himmel, der Unterkiefer die Erde berührt, und wäre Raum dazu, er würde ihn noch weiter aufsperren. Feuer glüht aus Augen und Nasen.

Die Midgardschlange speit Gift, dass Luft und Meer entzündet werden, entsetzlich ist ihr Anblick, indem sie dem Wolf zur Seite kämpft. Von diesem Lärmen birst der Himmel: da kommen Muspels Söhne hergeritten. Die Feuerkrieger. Surtur an der Spitze, vor ihm und hinter ihm glühendes Feuer. Sein Schwert ist superscharf und glänzt heller als die Sonne.

Indem sie über die Brücke Brifröst reiten, zerbricht sie, wie vorhin gesagt ward. Da ziehen Muspels Söhne nach der Ebene, die Wigrid heißt, dahin kommt auch der Fenriswolf und die Midgardschlage, und auch Loki, der wilde, böse, gerissene Gott wird dort sein und Hrymir und mit ihm alle Frostriesen, Eisriesen. Mit Loki erscheint Hels ganzes Gefolge aus der Unterwelt, und Muspels Söhne haben ihre glänzende Schlachtordnung.

Die Ebene Wigrid ist hundert Rasten breit nach allen Seiten.

Und wenn sich diese Dinge begeben, erhebt sich Heimdall und stößt aus aller Kraft ins Giallarhorn und weckt alle Götter, die dann Rat halten, Da reitet Odin zu Mimirs Brunnen und holt von Rat von Mimir für sich und sein

Gefolge.

Die Esche Yggdrasil bebt, und alles erschrickt im Himmel und auf Erden.

Wenn die ganze Biosphäre aus dem Gleichgewicht kommt, kann man nur erschrecken, denn das bedeutet, dass die ganze Welt untergehen kann.

Die Asen wappnen sich zum Kampf, und alle Einherier eilen zur Walstatt. Zuvorderst reitet Odin mit dem Goldhelm, dem schönen Harnisch und dem Spieß, der Gungnir (= der Schwankende, der nie sein Ziel verfehlt) heißt. So eilt er dem Fenriswolf entgegen, und Thor schreitet an seiner Seite, kann ihm aber wenig helfen, denn er hat vollauf zu tun, mit der Midgardschlange zu kämpfen.

Freyr streitet wider Surtur, der Fruchtbarkeitsgott gegen das wütende Feuer, bis Freyr erliegt, und das wird sein Tod, weil er sein gutes Schwert nicht hat, das er dem Skirnir, seinem Diener, gab.

Inzwischen ist auch Garm, der Höllenhund, losgeworden, der vor der Gnipahöhle gefesselt lag, das ergibt das größte Unheil, da er mit Tyr kämpft und einer den anderen zu Fall bringt.

Dem Thor gelingt es, die Midgardschlange zu töten, aber kaum ist er neun Schritte davon gegangen, so fällt er tot zur Erde, von dem Gifte, das der Drache auf ihn gespeit hat.

Der Wolf tötet Odin und verschlingt ihn.

Die Gier, die Sucht, die Gewalt und die pure Aggression, verkörpert durch den Höllenhund Garm und den Fenriswolf, vernichten die Weisheit, die Odin verkörpert. In der Prosaedda ist nur vom Wolf die Rede.

Alsbald kehrt sich Widar, Odins Sohn, gegen den Wolf und setzt ihm den Fuß in den Unterkiefer. An diesem Fuße hat er den Schuh, zu dem man alle Zeiten hindurch sammelt, die Lederstreifen nämlich, welche die Menschen von ihren Schuhen schneiden, wo die Fersen und Zehen sitzen. Darum soll ein jeder diese Streifen wegwerfen, der darauf bedacht ist, den Asen zu Hilfe

11

zu kommen. Mit der Hand greift Widar dem Wolf nach dem Oberkiefer und reißt ihm den Rachen entzwei, und das wird des Wolfes Tod.

Loki kämpft mit Heimdall, und einer erschlägt den anderen. Darauf schleudert Surtur Feuer über die Erde und verbrennt die ganze Welt.

Widar, der stille, der schweigsame Gott, ist nicht nur der Gott der Rache, sondern auch der Gott des Waldes und der ruhigen Natur. Loki, der Gott des trickreichen Geistes, erschlägt den Heimdall, den Gott der Klarheit und des Lichtes, somit hebt sich im Endkampf der Gegensatz auf. Alles geht unter im großen Weltenbrand.

Widar überlebt die Katastrophe.

Es entsteht eine neue Welt.

Das Weltbild der Germanen war „zyklisch". So wie es immer wieder einen neuen Frühling gibt, so gibt es immer wieder eine neue Welt.

In der neuen Welt soll Balder zurückkehren.

Bisher habe ich nicht viel über die neue Welt nach Ragnarök finden können. Keine schönen Verse über den Gott des Lichtes Balder oder den Gott des Waldes Widar.

Die Edda wurde auf Island verfasst. Es gibt keine Edda der Deutschen. Vielleicht gab es mal eine. Mit den Merseburger Zaubersprüchen kann man nicht viel anfangen. Relikte, mehr nicht.

Was mag nicht alles verloren gegangen sein?

Damals, um 800 oder um das Jahr 1000 herum.

Baldur

Gott der Reinheit, der Tugend
Gott des klaren Lichts

ein böser Frevel der Menschen ist's
zu töten einen lieblichen Gott

Ausgleich kann immer nur sein
anders zu handeln noch heut

den vergessenen Gott der Sonne
neu zu verehren

nur tiefe Reue führt zur Umkehr
wie Er doch schon sagte

Wahrheit und Reinheit
stille Sanftmut leben jeden Tag

so kommt denn zurück
die Eintracht der Herzen

10.8.18
Aus dem Gedichtband: Wodans Adler

13

Widar

Gott des stillen Waldes
wo keiner ist und schreit
wo Bäume hohe schweigen
und nur der Wind mal rauscht

Gott der alten Wälder
vor der großen Rodung
Wald der Bären und der Luchse
Wald der wilden Wölfe

Gott der starken Eichen
als sie wuchsen riesenhoch
tausend Jahre oder mehr
und man sie verehrte sehr

Gott des dunklen Waldes
und des lichten wunderbar
wo die Hirsche können weiden
und keiner sie vertreibt

such den Gott des Waldes
bring ihm deine Gaben
sing ihm deine Lieder
spiel auf deiner Flöte zart

Die vielleicht ungewöhnlichste Interpretation der Edda ist die von Holger Kalweit. DAS TOTENBUCH DER GERMANEN. Edda – die Wurzeln eines wildes Volkes. Aarau 2001, AT Verlag.

Ich möchte einige Zitate aus dem Buch bringen.

„ Traditionelle Weltlehre spielt sich nicht im materiellen Kosmos ab, sondern in nichtmateriellen Kosmen. Es geht um Geist und Seele, Begriffe, die in der modernen Weltlehre nicht vorkommen." (S. 44)

Kalweits Interpretation der Edda-Texte geht vor allem von der Seele aus. Für ihn ist das die Plasma-Dimension, also eine Dimension, die sich zwischen dem reinen Geist und der verdichteten Materie befindet.

„Denn wenn wir alle Beinamen Lokis heranziehen, erhalten wir ein treffendes Bild, was Loki ist: nämlich eine transphysikalische Beschreibung der Eigenschaften und Gesetze des Naturprinzips Seele." (S. 45)

„Üblich war es bisher, alte Völker als Naturvölker misszuverstehen. Ihre so genannte Mythologie versuchte man zu begreifen als primitive Erforschung der Naturvorgänge. Tatsächlich beschäftigt sich die Edda in keinem Punkt mit Donner, Regen, Blitz und Himmel. Die physische Welt wird nur in ein paar Zeilen erwähnt, nie aber behandelt. Besprochen wird ausschließlich das Totenreich und eine Zone oberhalb des Totenreichs. Es geht also um die Welt jenseits der materiellen Welt; verschiedene nichtphysische Dimensionen, das Seelische und Geistige werden untersucht." (S. 45)

Wir leben in einer materialistisch orientierten Zeit und die Weltbilder sind entsprechend. Ob Kalweit mit seiner seelischen und geistigen Deutung der Edda richtig liegt, muss jeder Leser selbst beurteilen. Vielleicht reicht es hier, seine Deutung als Impuls mitzuteilen.

„So gibt es Dutzende von Bezeichnungen für das Totenreich: Hel, Niflheim, Muspelheim, Ginnungagap usw. …. Die vielen Namen für das Totenreich sind allerdings notwendig und keine Spielerei. Sie verweisen auf verschiedene Seiten und Eigenarten des Jenseits." (S.49)

„Im Bereich der Natur lebend, fühlt sich der Mensch von Gott fern: Dualismus entsteht. Eine Folge des Dualismus ist, dass die Natur als selbständig und ungöttlich erfahren wird. Der Materialismus wird zur Philosophie. Dualismus und Materialismus sind die beiden Klötze am Bein, die das neuzeitliche Denken im Gefolge des Christentum und seines Ablegers Wissenschaft mit sich herumschleppt." (S. 50)

Kalweit hingehen vertritt eine Einheitslehre. Alles, was ist, ist letztendlich Odin. Odin bzw. Gott entfaltet sich ins Seelische und weiter ins Materielle. In diesem Weltbild einer universellen Einheit gibt es keinen Dualismus und keine rein materialistische Sichtweise.

So präsentiert Kalweit eine dem allgemeinen Denken entgegen gesetzte Sicht vom Tod. Sowohl der Kampf, der Krieg als auch der Tod werden in einem spirituellen Kontext gesehen.

„Todessehnsucht, Leben als Ausrichtung auf seinen stärksten Ausdruck, die reine Existenz des Seelischen ohne Körperliches, wird hier angestrebt. Die Helden, die vom Schlachten Gott Odin ausgewählt werden zu sterben, empfinden diese Wahl als Ehre." (S. 51)

Dem heutigen Mensch ist dieses Denken sehr fremd geworden. Das Leben der Germanen und ihr Weltbild gehören einer lange vergangenen Zeit an.

„Vor allem aber muss das oberste Prinzip des Daseins immer hervorgehoben und dargestellt werden. Das Odin-Prinzip: Alles ist in allem! Odin ist alles, das Ur-Eine, Gott. Ohne dies gründlichst verstanden zu haben, kann die germanische Weltlehre, die sich in Form von allerlei verwirrenden Ränkespielen Odins kundtut, nicht gewürdigt werden. .... Alles was geschaffen wurde, und im Wesentlichen sind das die drei Dimensionen mit ihren jeweiligen Funktionen oder Lebewesen, sind nichts anderes als Ausgeburten, Träume, die die höchste Gestaltungskraft, Odin, aus sich hervorgebracht hat wie eine Mutter ihr Kind." (S.56)

Die drei Dimension sind Geist, Seele, Körper – oder Asgard, Hel und Midgard.

16

Warum sind die alten Götter untergegangen?

Im Allgemeinen wird die Kirche dafür verantwortlich gemacht, denn sie hat den Menschen das Christentum aufgezwungen, die alten Sichtweisen diffamiert und verboten, Menschen verfolgt, Menschen ermordet, heilige Haine zerstört, Kultstätten zerstört. Ein Vernichtungsprogramm auf ganzer Linie. Mit Gewalt ist das Christentum in Europa gegen die alten Religionen vorgegangen.

Mit der Zeit wurden diese dann vergessen, mehr oder weniger. Wenn man die Kundigen und Weisen tötet, dann zerstört man die Traditionslinien und nachfolgende Generationen haben kein Wissen von alten Ritualen mehr.

Ich denke aber, dass es einen weiteren und wichtigen Grund gibt. Die Menschen glaubten nicht mehr an den Sinn und die Wirkung der alten Bräuche und Rituale. Man versprach sich nichts mehr davon, weil man keine Wirkung, keine Hilfe erkennen konnte.

Die Große Mutter oder eine ihrer Töchter wie Freya waren nicht durchweg gut und liebevoll. Es gab immer die andere, die dunkle Seite von Hel.

Das Christentum versprach eine reine, edle Welt des Geistes. Ein Versprechen, das jedoch von Anfang an gebrochen wurde, das nie wirklich in aller möglichen Konsequenz eingehalten wurde. Die Macht war wichtiger. Die Macht über Geld, Ressourcen und über Menschen, die man für seine Interessen ausbeuten konnte. Die Kirche hat gemeinsame Sache mit den gierigen Ausbeutern gemacht.

Aber das Versprechen war in der Welt.

Mancher glaubte es. Auch wenn das Heil ins Jenseits verlegt wurde, also nicht hier und jetzt, nicht in dieser Welt. Heute bemitleidet man die Menschen des Mittelalters, weil sie sich mit dem Jenseits getröstet hatten. Oder getröstet wurden. Es stellt sich nur die Frage, ob wir heute mehr haben, als das ferne Jenseits nach dem physischen Tod auf der Erde. Die aktuelle Weltlage ist katastrophal und apokalyptisch.

In vergangenen Zeiten gab es viele Katastrophen. Sintfluten, Vulkanausbrüche, ausbleibende Sommer und damit ausbleibende Ernten, Erdbeben und aggressive Reiterhorden aus dem Osten. Nicht zu vergessen das Feuer, ob nun durch natürliche Weise oder durch menschliche Brutalität entstanden.

Zu welchem Gott hatten die Vorfahren gebetet in ihrer Not?

Hatten sie Hilfe und Beistand von oben erwartet?

Von wem?

Die Männer von Thyr oder Odin?

Die Frauen von Frigga oder Freya?

Wir wissen im Grunde nichts über die Zeit vor 3000 und mehr Jahren. Als die Edda geschrieben oder besser zusammengestellt worden ist, waren diese Zeiten schon sehr, sehr lange vorbei.

Thyr, Tiwaz, Tiwanaz war der alte Gott des Himmels, aber auch des Krieges. Was denn nun, Krieg oder Himmel? Geht denn beides, möchte man fragen? Die letzten Jahrhunderte hatte man immer beides, den Gott der Liebe und den Gott des Krieges. Und wenn es kein realer Krieg war, dann hatte man immer einen Gott gegen das Böse, gegen falsche Denkweisen, gegen das sogenannt „Heidnische". Krieg wurde immer geführt, in welcher Weise auch immer. Die Menschheit ist vom Kriegsdenken verdorben. Aktuell sind sie wieder voll zurückgefallen, bauen neue Rüstungsfabriken. Wollen wieder alles „hochfahren". Schuld hat natürlich das oder der Böse, gegen den man kämpfen muss.

Hatten die Germanen einen wirklichen Gott des Geistes, von dem sie Hilfe erwarten konnten und von dem sie auch kam? Nannten sie ihn Tiwaz oder so ähnlich? Wodan oder Odin setzte sich später durch, war irgendwie schon infiziert vom Kriegerischen. Kann man eine Infektion rückgängig machen? Kann sich die Kirche ganz und vollständig vom Machtdenken befreien? Ich sehe es nicht. Man müsste allein so ein Wort wie den „Allmächtigen" aufgeben, allein das.

Nietzsche hatte die Tatsache beklagt, dass es in den letzten zweitausend Jahren keinen neuen Gott gegeben habe. Da hat sich nichts entwickelt. Warum hat sich nichts entwickelt, warum ist nichts entstanden?

18

Heute können wir es erleben, denn wer glaubt noch ernsthaft daran, dass Gott oder Gottes Geist etwas in der aktuellen Welt bewirkt oder löst? Wo ist das erkennbar?

Man kann Tausende von Fürbitten sprechen, alles geht seinen gewohnten Gang. Man kann Tausende von Gebeten sprechen, es gibt keine Erlösung vom „Satanischen", das die Welt beherrscht. Man kann es wiederholen und wiederholen, *„ und erlöse uns von dem Bösen",* aber wir werden nicht erlöst.

Wir sehen heute keine Wirkung der Gebete oder Meditationen in der äußeren Wirklichkeit, die von Grobheiten, Gemeinheiten und Gewalt in allen Bereichen geprägt ist.

Jeder sensible Mensch fühlt sich davon abgestoßen, aber das ist den Mächtigen egal, sie spielen ihr böses Machtspiel weiter und weiter. Sie sind vom „Satanischen" besessen. Wer das Wort nicht mag, der nehme Paranoia, Machtwahn, Weltherrschaftskomplex, Gier nach Geld oder was auch immer. Es ist und bleibt ein böser Geist, der die Mächtigen der Welt in seinen Klauen hält.

Wir haben mit Jesus und Maria zwei positive Figuren. Leider schieben sich jedoch immer die Machtaspekte dazwischen. Eigentlich stehen sie für Mitgefühl und Barmherzigkeit. Eigentlich stehen sie für universelle Liebe und Herzensgüte.

Wenn wir die germanischen Götter reaktivieren wollen, müssten wir sie vom Kriegerischen, Martialischen, das man im neunzehnten Jahrhundert in der Bildsprache sehr betont hatte, lösen und mehr den Aspekt einer vielfältigen Natur betonen.

3. Der Untergang eines alten Landes

Für viele war der Untergang des Drittes Reiches die große Apokalypse. Das mag heutzutage vielen unverständlich sein. Aber so war es. Die Niederlage der Wehrmacht, die brutale Vertreibung der Menschen aus den Ostgebieten, aus Ostpreußen, Pommern und Schlesien. Es geht hier nicht darum, ob jemand für das damalige System war oder nicht, es geht um den Zusammenbruch und *um das Gefühl, eine Apokalypse erlebt zu haben.*

(Lektüretipp: Das Werk von Wolfgang Borchert, isb. Draußen vor der Tür)

Mein Vater Gerhard war sechs Jahre Soldat, u.a. in Russland 1941-42, gewesen. Die Apokalypse hatte er in Berlin hautnah erlebt. Den Untergang, die Zerstörung einer Stadt, die Jahre zuvor noch so großartig und herrlich gewesen war und die er im Jahre 1936 mit einem Fotoapparat aufgenommen hatte.

Mein Vater ist inzwischen 27 Jahre tot. Meine Erinnerungen sind eher vage und vieles weiß ich nicht. So bleibt mir nur der Weg eines fiktiven Gesprächs.

„Wie war das in Berlin im Mai 1945?"

„Scheußlich, fürchterlich. Es war alles zerstört, mehr oder weniger natürlich. Das Haus meiner Eltern in der Erdmannstraße stand noch."

„Wie war die Rückkehr?"

„Traurig, sehr traurig. Aber ich war froh, dass ich nicht in Russland oder anderswo umgekommen war. Meine Mutter war froh, ebenso mein Vater, der den ganzen Wahnsinn von Anfang an für ein Unheil gehalten hatte."

„Und du?"

„Am Anfang, so 1939 dachte ich noch, dass Deutschland eine große Zukunft haben würde. Auch 1940 noch. Dann immer weniger. Nach dem Verrat der Armee und der Niederlage bei Stalingrad nicht mehr. Da war mir klar, wie das enden würde. In einer fürchterlichen Katastrophe. Mit einer totalen Niederlage."

„Dummheit oder Schicksal?"

„Vor allem Dummheit, vor allem Größenwahn. Das kleine Deutschland gegen die ganze Welt. Das kleine Deutschland gegen das riesige Russland. Viel zu wenig Menschen, also zu wenig Soldaten, viel zu wenig Ressourcen wie Öl. Der Größenwahn ist eine gigantische Dummheit. Völlig unrealistisch zu meinen, man könne die ganze Welt in kurzer Zeit erobern. Im Winter 1941-42, als wir in Russland fest saßen und es im wahrsten Sinn des Wortes absolut "arschkalt" war, da ahnten manche von uns schon, dass es im Grunde bereits gescheitert war. Danach ging es eigentlich nur darum, den Wahnsinn zu überleben. Kurz nach dem Kriegsende auch. Einfach überleben. Einfach weiter existieren, seine Lebenschance suchen und dann nutzen. Mehr nicht.

Man denkt erst später mehr darüber nach. Als man Ruhe hatte, Bücher lesen konnte über den diktatorischen NS-Staat."

Mein Vater hatte viele kritische Bücher über den NS-Staat, denn er war Geschichtslehrer gewesen. Das Thema hatte ihn bis zum Lebensende beschäftigt. Manchmal hatten wir darüber gesprochen, oft aber auch nicht.

In den Jahren nach 2000 gab es viele TV-Dokumentationen. Viele neue Bücher und Analysen, die mein Vater, da er 1998 verstorben ist, nicht mehr gesehen oder gelesen hat. Ob sich sein Bild dadurch geändert hätte? Vermutlich nicht.

Als Soldat der Wehrmacht, der sechs Jahre seines Lebens im Krieg war, hat man seine eigene Wahrheit, seine Erfahrungswahrheit, seine Erlebniswahrheit, sein Wahrheit der Angst, der Todesangst.

„Nach der Gefängniszeit in Moabit (wegen einer Denunziation war mein Vater dort einige Monate interniert) bist du sicher in Schöneberg herumgelaufen."

„Sicher. Habe geschaut, was noch da war, welche Häuser noch standen, was alles zerbombt war. Es war ein Laufen in einer untergegangenen Welt. Wo sollte ich leben, was sollte ich werden – ich wusste es im Mai 45 noch nicht. Der Krieg war vorbei und das war erst einmal gut. Überall die Russen. Meine Cousine hatten die Schweine vergewaltigt, wie so viele. Die russische Bestie. Auch bei uns hatten sie herumgesucht. Hitlerbilder suchen. Fahnen, alles. Mein Fotoalbum nahmen sie mit, als sie die Bilder aus dem

Jahre 1936 sahen, auf denen Hakenkreuzfahnen zu sehen sind. Schmissen es weg. Ich fand es später auf einem Müllhaufen wieder. Zum Glück, denn es enthält die Fotos aus meiner Jugend. Auch welche, die mich als Soldat zeigten. Klar, dass die Russen das nur vernichten wollten. Seltsam, dass es nicht dem Feuer zum Opfer gefallen war damals."

Heute ist es in meinem Besitz. Ich hüte es wie eine „Reliquie". Aber kommende Generationen wird es wohl nicht interessieren. Was für die einen wertvoll ist, ist für die anderen nur alter Kram! So war es schon immer.

„Glaubtest du eigentlich an Großdeutschland oder an ein deutsches Weltreich?"

„Nein, die großen Reiche waren doch alle untergegangen. Die Römer und andere. Nein, ich glaubte nicht daran. Aus meiner Sicht hatte Deutschland nicht die Möglichkeiten dazu, nur den großen Anspruch, die fanatische Idee, und vor allem war es die fanatische Idee des schreienden Führers."

„Am Ende konnte er nicht mehr schreien."

„Er konnte nur auf die Zyankalikapsel beißen und sich die Kugel in den Kopf schießen, nachdem er Millionen in den Tod getrieben hatte."

Ich kann und will mich nicht mehr genauer mit diesem Untergang befassen. Das tut mir nicht gut. Dunkle Erinnerungen steigen dann auf. Mein Vater mit seinem lebenslangen **Trauma** tut mir sehr leid, und viele andere ebenso. Eine traumatisierte Generation. (Mein Großvater war auch traumatisiert. Er hatte den Untergang des Kaiserreichs erlebt, hatte vom Krieg ein kaputtes Bein. Ich hatte ihn als depressiv erlebt.)

Das Schlimme an der Beschäftigung mit dem damaligen Untergang besteht darin, dass dadurch allein keine bessere Welt geschaffen wird. Dafür braucht es edle, reine und wirklich gute Ideen und Ziele. Leider kann ich diese nicht erkennen. Die gegenwärtige Gesellschaft ist ausgesprochen materialistisch, lebt ihre Gier und Sucht aus, hat keine hohen Ziele und keine edlen Ideale.

Der damalige Kult des Deutschen, des Germanischen ist gescheitert, ist Geschichte und für viele längst vergessen.

Manche aus der Generation meiner Eltern haben das bedauert, denn sie sahen in der kultischen Rückbesinnung auf das Ur-Deutsche oder Germanische durchaus einen Sinn. (Natürlich nicht im Rassismus und anderen Auswüchsen, um das gleich zu sagen.) Die Heimat, die Herkunft, das Eigene, die eigene Art, die weit zurückreicht in die Vergangenheit, darum ging es. Um die tiefe Verbundenheit mit den eigenen *Leuten und Land*, also dem eigenen Stamm und dem Land, auf und von dem man lebte. So wie es manche indigene Völker heute noch verstehen, wenn sie von ihrem Stamm oder ihrem „sacred land" sprechen. Von den amerikanischen Eroberern wurde ihnen das auf brutale Weise genommen

Durch die Machtpolitik der Herrschenden und der Kirche (ab ca. 800) wurde das im deutschsprachigen Raum zerstört. Man wollte das damals, im neunzehnten und frühen zwanzigsten Jahrhundert, rückgängig machen.

Heute leben wir im Multikulturismus, der keine eigene Kultur mehr schaffen kann. Alles soll möglich und denkbar sein, alles soll gut sein. Wer das nicht mag oder nicht will, wird sofort diffamiert. Alles soll sich in einem gigantischen Schmelztiegel auflösen. Tatsächlich haben wir jedoch eine Zersplitterung der Gesellschaft und viele parallele Welten, die nichts miteinander zu tun haben und es auch nicht wollen. Einheit oder Gemeinschaft kann so nicht entstehen, nur in einzelnen Gruppierungen mit ihrer spezifischen Ausrichtung.

Das ganze deutsche Erbe scheint kontaminiert zu sein. Wie jetzt und heute eine neue Identität möglich sein kann, weiß ich nicht. Es scheint mir an allem zu fehlen.

Aktuell ist in den Medien viel vom schlechten Zustand Deutschlands die Rede. Alle Aspekte werden dabei genannt, von der Bildung bis zur Bundeswehr, von der Infrastruktur bis zur Wirtschaft.

Warum ist es dazu gekommen? Ist jemand dafür verantwortlich, und wenn ja, wer? Oder ist es mehr ein natürlicher, längerer Prozess des Sterbens, weil Kraft, Geist und Sinn fehlen? Andererseits ist viel von Erneuerung, Transformation, neuen Technologien und Erfindungen etc. die Rede. Man wird sehen, was die Zukunft bringen wird. In einem tiefen Sinn mit der Natur scheint mir vieles nicht zu stehen, eher gegen sie gerichtet. Spiritualität ist kein Thema für die Politik, obgleich es ja die Frage ist, wie man langfristig mit der Erde anständig unf achtsam umgeht.

Eine Renaissance des Deutschen?

Eine Renaissance ist grundsätzlich immer denkbar. Man kann sich immer zurückerinnern, auch nach Jahrhunderten. Germanisches, Keltisches und vieles mehr ist nicht total ausgelöscht. Die Bücher sind vorhanden, der Geist ist in der Atmosphäre oder schläft an vielen Orten im Land und wartet auf eine Erweckung.

Es hängt von den Menschen ab und dem, was sie wollen – oder eben nicht. Wenn sie wollten, dann könnten sie auch!

Von den Generationen, für die der Selbsthass auf Deutschland und alles Deutsche im Zentrum ihres Denkens steht, ist nichts zu erwarten. Sie frönen einem absolutistischen Multikulturismus und erkennen nicht, dass dieser das Ende kultureller Eigenständigkeit ist, wobei es de facto eher so ist, dass man viele Subgesellschaften hat. Der sogenannte „melting pot" in den USA hat sich auch als Illusion erwiesen. Allein die Natives, die den gigantischen Völkermord im neunzehnten Jahrhundert in den USA überlebt haben, leben und bewahren ihre eigene Identität, Sprache, Kultur, Religion, und das mehr denn je.

Die deutschen Selbstzerstörer sind krank, weil sie ihr eigenes Volk hassen, halten allerdings ihre angeblich so weltoffene Sicht für die einzig richtige und zukünftige. Das wird sich noch zeigen.

Eine Rückbesinnung auf Wesen und Charakter der deutschen Kultur ist immer möglich. Die Bücher und Werke der deutschen Geistesgrößen stehen jedem offen. Man muss nur lesen, man muss nur studieren. Goethe und Schiller, Kant und Hegel. Man könnte viele große Autoren nennen. Wie gesagt: man muss sie studieren, von ihnen lernen wollen.

Man muss das Ziel haben, die Kultur, die Philosophie, die Ästhetik und die Spiritualität in den Mittelpunkt des Lebens zu stellen. Man kann nicht alles gleichzeitig sein und leben, also z.B. britisch, deutsch, italienisch etc. Ein Chaos hat keinen Stil.

4. Die Stimme des Fenriswolfs

Ich bin der Fenriswolf.

Der Wolf des wilden Landes, der wilden Natur.

Mich wird es immer geben, auch wenn ihr denkt, meine Zeit sei vorbei, die alten Geschichten am Lagerfeuer seien vorbei, lange vorbei, auch wenn ihr denkt, dass ihr jetzt ganz vernünftige Wesen geworden seid. Ihr seid es nicht. Ihr seid keine vernünftige Wesen. Bestenfalls seid ihr Träumer. Illusionisten, die sich eine schöne Welt ausdenken.

Schlaraffenland für alle.

Ich bin der Fenriswolf aus den dunklen Wäldern. Ich war immer da, ich war nie fort.

Ihr dachtet, ihr könntet mich fesseln mit starken Ketten. Das gelang euch nicht. Nur die Zwerge wussten Rat. Schmiedeten ein dünnes, aber starkes Band. Gleipnir. Aus dem Schall des Katzentritts, dem Bart der Weiber, den Wurzeln der Berge, den Sehnen der Bären, der Stimme der Fische und dem Speichel der Vögel.

Lacht nur, ruft nur „Hexenmagie", macht euch nur lustig. Bildet sie euch ein, die Weisheit, aber ihr habt sie nicht, denn ihr seid die Getriebenen und jagt seit Jahrtausenden durch die Welt in eurer unersättlichen Gier.

Mit mir, dem realen Wolf, hat das nichts zu tun. Das denkt ihr nur. Wir Wölfe jagen nur zum Überleben, mehr nicht, wir fressen niemals zu viel, wir töten nicht alles, nicht alle Tiere. Es geht immer nur ums Überleben, ums Weiterleben. Aber nicht um die große Weltherrschaft, die in euren Köpfen herumspukt wie ein böser Geist, der euch beherrscht, und nicht ihr ihn. So sieht es aus.

Euren Wahn und Irrsinn solltet ihr fesseln. Aber es gelang euch nicht. Mit keiner Kette. Und Gleipnir, das magische Seidenband, konntet ihr nicht herstellen. Die Zwerge habt ihr verachtet und mächtige Riesen seid ihr nicht. Nur riesig dumm und selbstgerecht.

Das seid ihr, Riesen der Dummheit.

Aquarell, Hüterin der Eulen

26

5. Die Stimme der Hüterin der Erde

Ich bin die Hüterin der Eulen.
Ich bin die Hüterin der Erde.
Ich hüte alle Tiere, denn alle Tiere gehören zum Kreis des Lebens.
Ihr habt zu viele Tiere getötet und ausgerottet.
Schon in der Steinzeit.
Und erst recht in den vergangenen Jahrzehnten.
Es gibt keinen Platz für wilde Tiere. Es gibt keinen Platz für Eulen.
Ich bin die Hüterin der Eulen.

Euer Untergang ist eure eigene Schuld,
denn ihr seid Frevler an der Erde.
Schon lange habt ihr es zu weit getrieben.
Ihr habt zu viele Wälder abgeholzt, ihr habt zu viel Land verbaut.
Ihr habt zu viele Straßen gezogen,
wo sollen da noch die Tiere wandern?

Ihr hört ein Wort wie „Massensterben".
Ihr habt die Geschichte der Erde studiert,
aber ihr lernt aus allem nichts, weil
eure Besessenheit vom Gold und Reichtum
so unglaublich groß ist.

Meine Stimme wird nicht gehört.
Sie ist einfach zu leise in eurem Düsenlärm.
Eure vielen Maschinen sind zu laut.
Ihr müsst wieder leise werden und bescheiden,

ihr müsst den heiligen Baum achten
und den wilden Fluss, ihm seine eigenen Wege lassen.

Die alten Götter helfen euch nicht mehr.
Ihr habt sie alle verachtet und getötet.
Neue wollt ihr nicht, denn ihr glaubt nur
an eure elektronische Technik,
ihr glaubt nicht an die Weisheit der Erde,
aber nur sie kann euch retten.

6. Arkadien und Idyllen

Wer kennt Arkadien? Wer weiß, wo es liegt? Man kennt Athen oder Delphi, man kennt die Inseln, Korfu, Kreta, Rhodos oder Mykonos. Wer kennt Arkadien?

Die Landschaft liegt auf dem Peleponnes. Eine idyllische Landschaft. Dort leben nur Hirten mit ihren Ziegen. Im Mythos ist es eine Region jenseits vom Streiten und Kämpfen des Menschen. Eine friedliche Region, ein Paradies.

Es gibt kein Paradies, sagt der Verstand. Es hat nie eines gegeben. Nicht einmal in der Bibel gibt es ein echtes Paradies, denn gleich kam die Schlange und verdarb alles. Lag es an der Schlange? Lag es an Eva? Oder lag es an diesem Gott, der ein Kriegsgott war und der gar kein Paradies wollte, sondern einen Kampfplatz für einen ewigen Kampf um Macht, Land, Besitz und Gold?

Der sogenannte Gott ist ein Kriegsgott. Aktuell sieht man es jeden Tag im Fernsehen. Das Morden, das Töten, die Zerstörungen und die leidenden Menschen. Das freut einen Kriegsgott. Man kämpft gegen Terroristen, sagen sie. Man will sie ausrotten, die Terroristen. Vollständig.

Wo ist Arkadien? Wo ist das Paradies?

Die Griechen, die einst von den Klassikern geschätzt und als Vorbild genommen wurden, waren Krieger ohne Ende. Sparta und Athen. Der Kampf gegen Troja. Und Sklavenhalter waren sie, womit für mich ihre ganze Kultur einen Makel bekommt. Wer Sklaven gehalten hat oder seine Kultur darauf aufbaute, ist für mich kein Maßstab. Seltsam, wie oft das vergessen wurde oder wird!

Arkadien, das griechische Wort für eine schöne und friedliche Gegend. Vermutlich interessierte sich niemand für sie. Vermutlich gab es nur Natur, Hirten und ihre Tiere. Das ist nicht interessant für Leute, die Geld und Geschäfte machen wollen.

Paradies, das Wort kommt aus dem Persischen. Ein eingezäunter Bereich. Idylle kommt aus dem Griechischen. Eidyllion. Ein Bildchen. Haben wir

29

wieder einmal kein deutsches Wort für einen schönen, friedlichen, anmutigen, lieblichen, angenehmen Ort?

Es gibt keine Idylle, sagt der Verstand. Es gibt nur den Kampf ums Leben, das Recht des Stärkeren, der die Gesetze macht und bestimmt, was sein darf und was nicht. Jemand kritisierte einmal mein MARIENBUCH, indem er das Wort „Idylle" verwendete. *Idyllen mit Maria, die als Mutter des Lebens in einer friedlichen Welt residiert.* Es gibt keine friedliche Welt, sagt der Verstand. Ich habe irgendwie schon immer den Verstand gehasst, der wie ein strenger Vater alles zerstört. Außer bei Novalis habe ich bei keinem eine vergleichbare Haltung gefunden. Der Verstand ist kalt und hat kein Herz, kein sensibles Gemüt. Der Verstand ist ein Techniker. Der Verstand ist stolz auf seine Fachbegriffe, auf Kategorien und auf Strukturen.

Hag oder Hain sind deutsche Wörter. Nur, wer verwendet sie noch? Sind sie nicht längst antiquiert? Der **Heilige Hain** nördlich von Gifhorn ist mein kleines Arkadien. Ich muss nicht nach Griechenland fahren. Mein Garten ist mein Arkadien.

Das Gemälde „Heiliger Hain", 1886 von Arnold Böcklin, kommt mir sehr düster vor, irgendwie unheimlich. Eher ein Totenreich. Wie seine Toteninsel, die Deutschlands Oberbösewicht bezeichnenderweise so herrlich fand. Daran kann man sich nicht orientieren, das baut die Seele nicht auf.

Ein Hain sollte die Seele aufbauen. Überhaupt geht es aus meiner Sicht vor allem darum, die Seele zu erfreuen und zu erheben. Ich habe kein schönes Gemälde von einem heiligen Hain oder Hag gefunden.

Verborgene Haine lassen sich überall finden. Selten sind sie ausgeschildert wie der „Heilige Hain" nördlich von Gifhorn. Oft sind es vergessene Waldstücke, für die sich keiner sonderlich interessiert und wo die Natur alles auf ihre Weise gestalten kann. Das ist sehr wichtig. Manchmal spricht man auch von „Biotopen", wenn es dort Wasser gibt.

Diese „Inseln" sind wie kleine Gegenwelten zur allgemeinen Zerstörung der wilden Natur. Sie sind Refugien für die Seele.

7. Verborgener Hain: Hain der Weißtannen

Seit ich meine Solarmodule habe, hat kaum die Sonne geschienen. Also seit über vier Monaten. Immer ist der Himmel bedeckt. Immer die grauen Wolken, aus denen es regnet. Teilweise so stark, dass wir in Niedersachsen Hochwasser haben. Die Oker ist übergetreten.

Ich wollte einen schmalen Waldweg gehen. Eigentlich ein schöner Weg, wenn auch neben der Straße. Den ersten feuchten, sumpfigen Stellen bin ich noch ausgewichen, oder konnte es, bis ich zu einer sehr großen Stelle kam, wo ich keine Möglichkeit sah und auch keine Lust mehr hatte. Also lief ich zurück. Wollte dann quer durch den Wald ein kleines Stück bis zur Straße gehen, was aber nicht möglich war, weil es zu viele Wasserstellen gab. Überhaupt sind mir noch nie so viele Wasserstellen im Wald aufgefallen wie in diesem Jahr des Regens. Ob es so ein Jahr werden wird, weiß ich natürlich nicht, denn im Sommer kann endlose Dürre herrschen und alles trocken werden. Den Bäumen wird es nicht gefallen, zu lange in feuchter, wässriger Erde stehen zu müssen. Die Phase dauert einfach zu lange.

Heute kommt es mir wie ein Sumpfwald vor.

Den Forstfahrweg zu den Weißtannen konnte ich gut gehen. Auf der linken und rechten Seite große, schwarzbraune Wasserlöcher, aber der Weg war trocken und fest. Zu den Weißtannen musste ich auf der linken Seite in den Wald gehen, wo es keinen richtigen Weg gab.

Die Tannen standen noch alle. Wenn ich länger nicht an einer Stelle war, gehe ich immer mit einem ängstlichen Gefühl wieder dorthin, weil ich erwarten muss, dass die Forstleute brutal zugeschlagen haben. Sie kennen keinen Wald, sondern nur Holz und sprechen auch von „Holzfällung". Das Wort sagt bereits, dass sie nur tote Materie kennen. Für sie und die meisten ist alles nur tote Materie, mit der man machen kann, was man will.

Das kleine Gebiet mit den Weißtannen ist ein kleiner *heiliger Hain*, wenn man so will. Ein kleines *„Arkadien"*, das ich aktuell erforsche. Die Namen sind egal, denn es kommt auf die großen, starken Tannen an, die hier stehen und einen besonderen Wald im großen Elmwaldgebiet bilden. Es kommt auf die hohen Bäume an und die erhebende Atmosphäre unter ihnen.

8. Wald-Apokalypse im Harz

Die größte Naturkatastrophe in der Mitte Deutschlands. Für mich persönlich die größte Apokalypse.

Quadratkilometer von Wald sind zerstört.

Viele große, alte Fichten sind verschwunden.

Viele Buchen wurden abgeholzt.

Viele Bäume, die noch stehen, sind krank, von Pilzen befallen, haben kahle Kronen.

Für mich ist das Weltuntergang. Aber die Spaßgesellschaft macht weiter mit ihrem Spaßprogramm, von dem sie besessen ist.

Manchmal denke ich an bestimmte Bäume, die es inzwischen nicht mehr gibt. Eine starke Fichte bei der Kattnäse, einem Berg bei Bad Harzburg. Eine wunderschöne Linde in Stapelburg, die ein Sturm umgehauen hat. Die Stürme sind zu stark geworden für manche Bäume. Eine Gruppe von drei großen Fichten am Marienteich. Inzwischen sind dort nur noch die Stümpfe.

Warum muss ich das erleben?

Eine Frage, die sich jeder stellt, der eine Apokalypse erleben muss. Zum Beispiel in der Ukraine oder im Gazastreifen, um zwei ganze andere, aktuelle Kriegsgebiete zu erwähnen, wo unglaubliche, ungeheuerliche Verbrechen stattfinden. Der ganze Wahnsinn ist von den Menschen gemacht, seien es die Kriege oder die Zerstörungen der Umwelt. Die Monster sind nicht wie bei Ragnarök die Feuerriesen, die Midgardschlange oder der Fenriswolf, sondern es ist das falsche Verhalten der Menschen, vor allem sind es auch bestimmte Menschen der Macht.

Heute lief ich über den *Elfenkammweg*. Nach den letzten Stürmen sind wieder einige Bäume umgekracht, vor allem die, an deren Stamm viel Efeu wuchs. Da hat der Sturm ein leichtes Spiel. Die Böden sind zu nass, zu durchfeuchtet. Viele Bäume haben keinen festen Halt mehr. Wenn ich in die Baumkronen schaue, sehe ich, dass alle alten Buchen zu viele kahle Zweige haben. Sie werden alle untergehen. Sie werden alle von einem der Stürme umgehauen werden.

Wer will das hören? Niemand. Manche sind eh schon überlastet in ihrem Leben, haben soziale oder finanzielle Sorgen, manche können den Untergang des Harzer Waldes nicht ertragen, weil es zu schmerzhaft ist, andere verdrängen lieber oder reden von Erneuerung des Waldes oder Aufforstungsmaßnahmen, deren Wirkung man vielleicht in fünfzig Jahren sehen kann.

Eigentlich sollte ich auch nichts mehr dazu schreiben. Habe ich doch alles in meinem Werk *Waldwege* längst beschrieben und dokumentiert.

Vor einigen Tagen war ich auf der Passhöhe beim sogenannten Drei-Börner-Weg. Als der Fichtenwald noch stand, musste ich dort immer an Eichendorff denken. So nannte ich den Pass den Eichendorff-Pass. Heute ist dort leider alles desolat, trotz einiger Jungfichten und vieler neuer Birken.

Ich mache oft Fotos. Soll ich es zeichnen, um meinen Schmerz auszudrücken. Mir ist schon lange die Lust vergangen.

„Wie soll man das aushalten? Was soll man tun?"

„Ja, es ist eine schlimme Zeit, du kannst sie nur aushalten – oder zerbrechen, mit den Bäumen sterben," sagte Wodan.

„Also auch untergehen."

„Ja. Ob früher oder später, das macht nichts."

„So, das macht nichts."

„Nein, das macht gar nichts," betonte Wodan. „Du verschwindest sowieso, wie alles. Es kommt, es geht. Mal ist etwas da, dann ist es fort. So ist das kosmische Spiel."

„Nichts für die Ewigkeit?"

„Der Geist, die Gesetze, die Prinzipien bleiben, aber die konkreten Dinge sind dem Werden und Vergehen unterworfen. Die Fichte dort hatte ihre Zeit, Nun ist sie längst vorbei. Es wird neue Fichten geben. Sie sind schon da, wie du erkennen kannst."

„Kein großer Trost für mich."

„Sicher nicht. Deine Zeit ist begrenzt. Die Zeiten des Werdens und Vergehens sind unendlich. Die Zukunft ist unendlich. Vieles kann geschehen, vieles wird geschehen. Neues wird sich entwickeln."

„Davon habe ich nichts. Ist mir zu allgemein."

„Verstehe. Wenn du untergehen möchtest, dann geh unter. Dann sterbe mit den Bäumen. Das ist völlig in Ordnung," sagte Wodan.

„Ist das alles?"

„Nein, du kannst für die kommenden Bäume Rituale machen. Ihnen Glück und Gedeihen wünschen. Für die kommenden Zeiten. Nach dir natürlich. Mehr kannst du nicht machen."

„Das ist dann alles."

„Ja, das ist dann alles," betonte Wodan.

Als ich mal wieder das Stübchental hinauf ging, vor Jahren noch ein traumhaft schönes Tal, fielen mir besonders die Schäden unten an den Buchen auf. Nidhöggr, der germanische Drache der Zersetzung. Er nagt in der Mythologie am Weltenbaum Yggdrasil. Langsam, aber sicher werden die Buchen sterben.

Wieder sind einige Bäume umgekracht, die der Wind umwehen konnte, weil der Boden viel zu nass ist. Wie ein Schwamm. Sie haben keinen Halt, keine Stabilität. Leicht können sie umgeweht werden. Ich habe auch keinen Halt mehr, denke ich. Leicht kann ich zu Fall gebracht werden.

Die von mir so empfundene Yggdrasil-Fichte steht noch. Der Baumhüter des Tales. Wie schön! Wie gut! Aber wie lange kann und wird sie sich noch halten.

Die Zeit des Zerfallens ist noch nicht beendet. Es geht noch weiter abwärts. Wann kommt der Wendepunkt?

In vielen Bereichen ist das die Frage der Zeit. Wann kommt der Wendepunkt? Wann ist mit einer Sache, einer falschen Geschichte Schluss? Wann wendet sich der Zeitgeist, der Prozess?

Wie ich höre, stellen sie sich auf Jahrzehnte einer Auseinandersetzung mit Russland ein. Jahrzehnte! Wollen jetzt ihre Rüstung und alles hochfahren. Dann viel Spaß damit! Eine Friedenspolitik haben sie nicht, und das im Grunde seit Jahrzehnten nicht. Sie müssten ihren Extremismus aufgeben, ihre Wachstumsideologie und ihre Fixierung auf Technik, Technik und nochmals Technik.

Die Welt des Waldes ist natürlich. Sie leidet und stirbt dahin. Wenn man den unteren Teil einer Buche anschaut und alles zerrissen und zerfressen ist, das Werk vom Zersetzungsdrachen, Nidhöggr, dann kann einem übel werden. Als würde man einen alten Mann betrachten, der zwei halb verrottete Raucherbeine hat, der dem Tode geweiht ist, der keine Zukunft mehr hat, der auf den erlösenden Sturm wartet.

Sie tun mir leid, die Buchen, aber ich kann nichts machen. Nur zuschauen. Ich bin und bleibe ohnmächtig. Es geht mir hier um die Natur und ihren Zustand. Ich spüre diesen Zerfalls- und Zersetzungsprozess. Ich spüre keine neue Kraft. Es geht um die Natur und ihren Krankheitszustand. Wann kann

37

oder wird die Natur in die neue Kraft kommen, in eine neue Entwicklung?

Wenn diese Ragnarök-Zeit vorbei ist, meinte Wodan. Wenn die Zeit der bösen und dunklen Kräfte abgelaufen ist und sie, die sogenannten Menschen und die Parasiten in ihren Köpfen, ihr Werk vollendet haben. Ihr Zerstörungswerk.

Das kann lange dauern, dachte ich.

Krodotal

Als ich durchs Krodotal ging, musste ich wieder an diesen merkwürdigen Gott denken. Wer war dieser Krodo?

Im hinteren Teil des seltsamen Tales stehen einige Häuser, die mir wie Zauberhäuschen vorkommen, auch wenn ich nicht glaube, dass dort Zauberer leben oder Zwerge. Aber es wirkt so. Vielleicht war der Krodo ein Zauberer. Beim Zaubern geht es um die Unklarheit: Was ist real, was nicht?

Steckt hinter dem Krodo ein Schamane, dessen Tun und Wirken viele nicht verstanden? In einem der Zauberhäuschen könnte der Krodo wohnen. Alles, was mal war, ist lange untergegangen.

Real sind die Dinge, die ich sehe, die umgehauenen Buchen am Anfang, die umgesägten Kiefern, die toten Kiefern, die Krodoquelle, die technische Anlage der Wasserversorgung, die Felsen oben über dem Tal.

Es war vor 1000 oder 2000 Jahren vermutlich ein wildes, merkwürdiges Tal. Das ist vergangen. Nur im hinteren Teil kann man das noch spüren. Der vordere Teil ist zu bebaut.

War Krodo ein Gott der Wildnis, unberechenbar wie Wasser und Wind? Und unheimlich und gefährlich? Wetter und Wind sind bedrohlich, was wir in Zeiten der Klimakatastrophe mehr als deutlich erkennen müssen.

Auf dem Burgberg steht heute eine Krodofigur aus Stahl. Sie gefällt mir nicht, sie kommt mir wie eine Karikatur vor, um nicht zu sagen wie eine Dämonisierung, weil man neben dem christlichen Gott nur „Götzen" sah und sehen wollte.

Im Internet finde ich folgendes:

Die Figur aus Edelstahl ist einer Abbildung aus der im Jahre 1492 veröffentlichten "Sachsenchronik" nachempfunden. In diesem historischen Werk wurde die Gottheit Krodo erstmals in einem der Nachwelt erhalten gebliebenen Dokument erwähnt und ausführlich beschrieben. Der Autor der Sachsenchronik bezieht sich bei seinen Ausführungen auf ältere Überlieferungen, welche heute allerdings nicht mehr verfügbar sind.

Krodo steht auf einer Säule und auf einem Fisch, welcher auf dieser Säule liegt. Er hält in einer Hand ein Rad und in der anderen einen Korb mit Blumen. Seine Bekleidung wird sichtbar vom Wind bewegt. Für die Deutung dieser Zeichen ergibt sich ein erheblicher Spielraum. Der klassischen Überlieferung nach handelt es sich überwiegend um Freiheits- und Fruchtbarkeitssymbole.

In unseren Tagen gibt es eine leicht abweichende modernere Erklärung, welche die vier Elemente der Antike zur Grundlage hat. Das Rad soll das Feuer (die Sonne) darstellen, der Eimer mit den Blumen die Erde, der Fisch das Wasser und der wehende Umhang die Luft. Das klingt durchaus plausibel, doch ob die alten Sachsen einstmals ihrem Krodo diese, eine ähnliche oder sogar eine ganz andere Symbolik zudachten, wird wohl für immer vom Nebel der Geschichte umhüllt bleiben.

Die heutige Krodo-Statue wurde im Jahre 2007 vom Kunsthandwerker Volker Schubert geschaffen und auf Initiative des Fördervereins Historischer Burgberg e.V. an diesem Standort aufgestellt. Damit ersetzt sie eine Krodo-Figur, welche einstmals zur Zeit der Sachsen auf dem Großen Burgberg bei Bad Harzburg gestanden haben soll. Diese Statue zu Ehren des Gottes Krodo soll angeblich von Karl dem Großen Ende des 8. Jahrhunderts im Zuge der Christianisierung zerstört worden sein.

Quelle: www.harzlife.de

Wenn man nichts genau weiß, ist man auf sich zurück geworfen, muss sich selbst eine Deutung suchen. Der Name ist geblieben. Das Tal heißt nach wie vor Krodotal.

Wir müssen uns ein neues Bild suchen. Das alte erinnert an eine Ta-
rot-Karte. Es kommt uns absurd vor. Wer stellt sich auf einen Fisch? Und
hat dann noch einen Korb mit Blumen und ein Rad in der Hand. Ein schwie-
riger Balance-Akt.

Die Balance ist ein problematisches Thema in einer Zeit, in der man feststellen muss, dass endlose Expansion, permanente Steigerung von Wachstum und Wohlstand sich als Illusion erwiesen haben, aber man kein neues
Paradigma will, weil man auf das alte so fixiert ist und davon nicht lassen
kann.

Richard Wagner

Als ich mal wieder Musik von Richard Wagner hörte, dachte ich, dass diese zu meinen Waldspaziergängen passt. Das mag seltsam klingen.

Ich bin kein Musiker und habe kein musikalisches Talent, aber wenn ich durch die Wälder laufe, habe ich durchaus so etwas wie Musik im Kopf.

Manchmal ist sie unheimlich und apokalyptisch, wenn ich die Zerstörungen betrachte. Sehe ich einen Frevel an Bäumen oder allgemein am Wald, wird sie laut und heftig. Dann wieder ist sie verträumt und poetisch, still und leise, wenn ich Schönes sehe und sei es nur ein zartes Moospolster oder eine kleine Blume.

Und immer ist da der Traum vom Heroischen, von alten Zeiten, von Urwäldern jenseits der Menschen, vor dem Auftauchen des Menschen, dem Jäger und dem Holzfäller, denn das ist es, was die Menschen im Wald machen, jagen und Holz fällen. Die Spaziergänger hinterlassen eher keine Spuren, wenn es nicht gerade Müll oder Taschentücher sind. Oft sehe ich niemanden, wie gestern auf dem Uhlenkopf. Nicht eine Person. Da kann man sich als Urmensch fühlen.

Bin ich Lohengrin, ein Gralsritter, ein Siegfried, der gegen den Drachen kämpfte? Sicher nicht. Aber ich habe Bezüge bei den Ouvertüren von Wagner zu mir selbst gefunden, zu meinen inneren Erlebniswelten. Ein Komponist kann seine Empfindungswelten recht direkt in Musik umsetzen. Instrumente scheinen mir ein direkteres Medium zu sein als Sprache, die innere Gedanken- und Gefühlswelt auszudrücken.

Lohengrin:

https://www.youtube.com/watch?v=gZCsG59KhyA

Rheingold:

https://www.youtube.com/watch?v=mfNumPlsQws&t=87s

Siegfrieds Trauermarsch:

https://www.youtube.com/watch?v=a53s4jyCqqU

Tannhäuser:

https://www.youtube.com/watch?v=SRmCEGHt-Qk

Richard Wagner – ein musikalischer „Held" gegen den Untergang?

Wagners Musik hat etwas Sphärisch-Meditatives. Vielleicht hat sich ja deshalb der deutsche Elektronikmusiker mit ihm befasst.

Es gibt lange, weite Spannungsbögen. So kann man das Gefühl bekommen, dass sich etwas zusammen braut. Etwas ganz Großes – oder das Gegenteil, der Untergang.

Vielleicht ging es dem Wagner um himmlische Anderswelten, Traumwelten, um ein musikalisches Streben nach Höherem, Hehrem und Heroischem.

Alte, lange vergangene Zeiten werden beschworen, was man schon an den Themen erkennen kann. Stellt sich nur die kritische Frage, ob es wirklich so heroische Zeiten waren.

In „Waldweben" spüre ich eine poetische Zauberwelt. Eine richtige Gegenwelt.

Mir fiel der Begriff „Erhabenheit" ein, heute vielleicht ein antiquiertes Wort. Bei Wikipedia steht folgendes:

„Das **Erhabene** oder die *Erhabenheit* bezeichnet in ästhetischer, religiöser oder ethischer Hinsicht die Anmutung von etwas Großem oder Heiligem, das dem Gemüt und Denken die Schranken des Irdischen und Endlichen nimmt und mit Ehrfurcht, Verehrung und Achtung sowie mit einer spezifischen Art von Schrecken oder Schaudern verbunden ist. In der Ästhetik ist es eine komplementäre Kategorie zum Schönen."

Das scheint mir die Sache zu treffen. Die sprachliche Definition mag uns nüchtern erscheinen, die Musik weckt jedoch viele Gefühle. Darum ging und geht es wohl, viele große Gefühle zu wecken, in denen man sich verlieren kann.

Warum will man das?

Weil die normale Realität zu öde ist, zu langweilig, zu schwierig, von zu viel Unvollkommenheiten und Leid geprägt ist. Leider bringt die Flucht aus der Durchschnittsrealität am Ende doch keine Lösung und Erlösung. Verliert man sich zu sehr in Phantasmen, geht man am Ende unter. Allein das tragische Schicksal von König Ludwig ist ein warnendes Beispiel. Aber sein weißes Märchenschloss steht noch und es zieht viele Menschen an.

Vielleicht ist es sogar noch schlimmer.

Eine Sehnsucht nach Entgrenzung im Untergang.

Das Thema des Todestriebes und der Sehnsucht nach einem Untergang ist ein Tabu. Man will sich dem nicht stellen.

Würde die Menschheit das Leben wirklich lieben, würde sie sich anders verhalten. Viele wollten lieber einen Heldentod sterben, einen Märtyrertod, ließen sich lieber ans Kreuz schlagen oder stiegen aufs Schafott. Warum nur? Als ultimativen Beweis ihrer Größe? Lieber ein Tod im Kampf als ein Tod im Bett, ein „Strohtod", wie man einst sagte? Geht es um einen Rausch im Untergang? Um diese „Ehre" oder die Treue bis in den Tod?

Warum kämpfen sie in der Ukraine weiter und weiter? Für was?

Oder im Gazastreifen? Für was?

Die Menschheit sieht jeden Tag die Folgen ihres destruktiven und absurden Handelns. Katastrophen ohne Ende. Aber immer schön lustig weiter machen, dicke Autos fahren, Austern schlürfen, Sekt trinken und nicht zu vergessen das exzessive Sexleben. Der große, destruktive Orgasmus, streben sie das an? Vernichtet werden in einer Art Feuer-Ekstase? Tanz auf dem Vulkan bis zum Umfallen.

Es hat mich schon immer gewundert, wenn ganz normale Menschen in einem Konzert die musikalische Totalekstase frenetisch beklatschen.

Wer einen anderen Weg geht (via contemplativa), den stößt das ab. Egal ob ACDC oder irgendein Klassiker.

Das erinnerte mich an Les Préludes von Liszt. Die tolle Fanfare der NS-Wochenschau. Was sind wir doch für Helden? Heldentum scheint mir ein falscher Weg, auch jeder Märtyrertod wie der von Jesus oder aktuell von Nawalny.

Das nachhaltig Gute hat ein anderes Gesicht.

Kattnäse

Mal wieder auf der Kattnäse, die ich vor sieben Jahren entdeckt hatte. Damals ein magischer Berg in noch dunklen Wäldern. Große, starke Fichten auf der Westseite. Ein dichter Fichtenwald auf der Ostseite.

Vom Berg ging ein Waldweg in nordöstliche Richtung durch einen Fichtenwald der guten, alten Zeit, wie man heute sagen muss. Der Weg hatte mich an andere Wege in südlichen Gebirgen erinnert.

Wie herrlich damals alles war. Und es sind nur sieben Jahre her.

Heute im Jahre 2025 ist alles zerstört und vernichtet.

Viele Baumleichen leuchten im Wald, ihr helles, totes Holz leuchtet wie die Knochen von Toten. Einige der Leichen liegen quer zum Weg. Keiner hat sie weggeräumt. Den schmalen Weg zum Gipfel haben sie kürzlich frei gesägt. Die Reste liegen links und rechts vom Weg. Totes Holz. Tote Beine. Tote Arme. Tote Knochen.

Verglichen mit der Zeit vor sieben Jahren denke ich, dass es heute nur noch ein Totenwald ist. Die kleinen Bäumchen können mich nicht trösten, denn sie werden erst in hundert Jahren groß sein. Wenn sie es denn sein werden! Als alter Mensch hat man keine Zukunft, vergleicht alles mit der Vergangenheit. Das ist normal. Über die Zukunft kann und will ich nicht nachdenken. Wozu auch? Der Wald ist gestorben. Ich kann auch sterben, denke ich. Wozu soll man in einer zerstörten Welt leben?

Das Leben geht weiter, sagen sie einem immer. *Es kommen auch wieder bessere Zeiten.* Vielleicht. Aber wann kommen sie? Wann kommt eine Wende? Wann kann der Wald beginnen, sich wirklich zu erneuern? Aktuell kann ich das nicht erkennen. Die großen Buchen, die noch leben, sind oft krank, schon vom Tod gezeichnet, sie werden sterben und der ganze Baum wird bei einem der Stürme umkrachen, wenn nicht die Landesforsten vorher ihre sogenannten „Verkehrssicherungsmaßnahmen" durchführen. Die kleinen Buchen und die kleinen Fichten, die ich sehe, werden noch lange brauchen, um ein Baum zu werden, um groß und stark zu werden, wie man früher zu Kindern sagte. Du musst groß und stark werden, Junge!

Irgendwie ist die Kraft fort, die Kraft der Erneuerung. Ich würde sie gerne in der Natur spüren, aber ich spüre sie einfach nicht. Ob es an den vielen Strahlungen liegt? An der Zusammensetzung der Luft? An der Erwärmung der Erde? Am chaotischen Klima? An der ganzen Atmosphäre, die vom Menschen und seinem extremen Handeln bestimmt wird?

Ich kenne keine Erklärung dafür, trotz all der Umweltberichte in den Medien. Irgendwas scheint mir zu fehlen. Vielleicht weiß man es nicht, oder will es nicht mitteilen. Ich vermute, dass das große Netz der Strahlungen weltweit nicht gut ist, oder noch schlimmer, dass es die natürliche Biosphäre zerstört. Das klingt nur poetisch, ich weiß, aber ich will hier auch keine physikalischen oder chemischen Analysen bringen.

Das kann es nicht sein, das hat damit nichts zu tun, solche Sätze habe ich in meinem Leben oft gehört. Und am Ende?

Rundweg beim Diabaswerk

Mein Weg beginnt auf der Ostseite der Straße zwischen Bad Harzburg und Braunlage, auf der anderen Seite befindet sich der Parkplatz für den Marienteich.

Früher war dies ein dunkler Waldeingang. Nördlich befand sich ein magisches Waldstück. Heute ist alles kahl. Alle Bäume sind weg, alles gestorben, alles verwüstet. Weit kann kann man über die Berge schauen!

Am Anfang des Weges hat man Steine aufeinander geschichtet. Große Brocken. Soll wie „Kunst" aussehen, ist aber keine. Nur eine dumme Waldarbeiteridee. Vielleicht dachten die Jungs: Kunst können wir auch.

Der Schotterweg führt mich in westliche Richtung. Ein paar kleine Fichten auf der linken Seite. Möchtest du als Baum in einer toten Welt wachsen? Rechts entdecke ich weiter unten einen kleinen Rest des Fichtenwaldes. Nur ein kleiner Rest ist geblieben.

Weiter geht der Weg hinauf bis zur Diabasstraße, die den Steinbruch mit der Hauptstraße verbindet. Auf der rechten Seite steht noch grüner Fichtenwald, auf der linken Seite einzelne, mittelgroße Fichten.

Die Zeit, als ich vom Sterben des Waldes geschockt war, ist schon länger vorbei. Jetzt laufe ich als Überlebender durch den toten Wald.

Ich überquere die Diabasstraße und steige weiter hinauf. Vor Jahren eine geheimnisvolle Ecke. Meine Bitten und kleinen Rituale haben den Vernichtungsprozess nicht aufhalten können. Aber noch sind nicht alle Fichten tot. Ob die bisher Überlebenden bleiben werden? Ich weiß es nicht. Meine damalige Ritualstelle finde ich nicht wieder. Alles sieht anders aus. Ist auch egal. Kann sowieso nichts mehr tun.

Weiter oben komme ich zu einer Lichtung, die mal vom dunklen Wald eingerahmt gewesen war.

Auf der anderen Seite entdecke ich eine kleine Fichtengruppe, die mir schon vor Jahren aufgefallen war. Sehr gut, dass sie noch da ist. Wackere Fichten!

Der Wanderweg führt jetzt in nordöstliche Richtung. Hier sehe ich mehr und mehr Grün. Meist junge Fichten. An einer Stelle mache ich ein Foto wie in der „guten alten Zeit", als überall Wald stand und das große Sterben noch nicht begonnen hatte. Wie schön, dass es noch so eine Stelle, so ein Wegstück gibt. Aber es ist die Ausnahme. Eine Insel, von der aus sich vielleicht alles erneuern kann. Zukunftsträumerei.

Bei der Diabasstraße ist wieder alles kahl, Grauenhaft. Und LKW um LKW fahren hier hin und her. Was machen sie mit all dem Gestein? Ist das wirklich notwendig? Oder ist es nur die bekannte und unersättliche Gier nach Geschäften und Gewinnen?

Leider muss ich ein Stück neben der Straße gehen. Als laufender Mensch merkt man erst richtig, wie groß und wuchtig die Maschinen sind. Nicht Anthropozän, sondern Maschinenzeitalter. Ich lebe im Maschinenzeitalter. Denke an die großen Bagger und Bulldozer, und an die gigantischen Rechenzentren, mit denen sie die Welt kontrollieren. Zeitalter der Ausbeutung. Zeitalter der totalen Kontrolle.

Dann endlich kann ich nach links ausweichen und einen alten Weg am Waldrand gehen. Hier ist es noch grün. Aber leider sehe ich eine vom Sturm gefällte Tanne. Arme Tanne denke ich, als ich ihre weichen Nadeln in die Hand nehme. Arme Tanne. Der Sturm hat dich gefällt. Schlimm, wenn die Stürme auch noch die verbliebenen Bäume aus dem Boden reißen. Sie haben keinen richtigen Halt. Vielleicht war der Boden zu nass gewesen.

Ich suche mir meinen Weg hinunter zum Wanderweg. Viel totes Holz liegt herum.

Schließlich gelange ich zu einer Fichte, die noch vital ist. Sie steht an dem Bach, der in östliche Richtung fließt, hinunter zu dem einst magischen Waldstück. Ich sehe, dass meine Gebetsfäden aus dem letzten Jahr noch an dem Zweig der Fichte hängen. Ich muss sie nicht erneuern. Hoffentlich bleibt der Baum lebendig, hoffentlich überlebt er das kommende Jahr.

Schutzhütte im Wald

Ich habe schon immer von einer Hütte im Wald geträumt. Eine kleine Hütte. Eine Eremitenklause. Inzwischen bin ich ohnehin zu alt, um dort leben zu können. Der Rückzug von der Welt in den Wald.

Vor Jahrhunderten war das noch viel mehr möglich als heute, wo die Holzfäller überall sind, wo die Landesforsten die Wege abfahren, nach meinem Gefühl jeden Tag, wo die Jäger überall ihre Hochstände haben, als wäre der Wald von Rehen und Wildschweinen total überbevölkert, und wo die Wälder weltweit unglaubliche Schäden erleiden. Der unverminderte Holzeinschlag, die Dürrezeiten, die Stürme und die Brände.

Zu viel Dürre, zu viel Regen, zu viele Baumfällungen – es ist alles aus der Ordnung gefallen.

Als die Eremiten noch zurückgezogen in den Wäldern leben konnten – wie lange ist diese Zeit her? Die Superreichen sind die Herrscher der Welt. Das Gerede von „Freiheit" ist nur billigste Propaganda, um den normalen Leuten eine Illusion einzuhämmern. Das bisschen Konsumfreiheit ist lächerlich. Wenn man nicht einfach in die Wälder gehen kann, dann gibt es keine Freiheit! Es gab sie mal, aber das ist Jahrtausende her. Heute wird alles kontrolliert und bewacht, alles ist in Besitz genommen. Das einzige, was einem geblieben ist, das ist der Traum.

Die Hütte auf dem Foto ist eine Schutzhütte auf dem Weg zum Woldsberg, die ich zwei, dreimal im Jahr besuche. Neben ihr steht eine große Buche. Sozusagen der Hüterbaum. Wie lange wird sie noch stehen?

Einst sprach man von „Klausen". Frühe christliche Eremiten hatten solche Klausen. Sie lebten nur noch halb in dieser Welt, sondern hatten ihr irdisches Dasein ganz auf das leuchtende Jenseits ausgerichtet, ganz auf Gott und den unendlichen Himmel. Die Klöster waren dann schon große Geschäftsbetriebe mit vielen Personen. In einer Klause hält es nur der aus, der für eine höhere Welt lebt und sich vollständig auf diese ausrichtet.

Radautal

Das Tal der Radau war einmal ein wunderschönes, magisches Tal.

Es war einmal, vor gar nicht langer Zeit.....

Wenn man jetzt das Radautal hoch wandert, hat man das Gefühl, die Eiszeit wäre gerade zuende gegangen. Der große Gletscher wäre verschwunden und man sieht das Werk einer Vernichtung. Viele tote Fichtenstämme ragen in den Himmel. Viele Baumstämme liegen auf den Hängen herum. Man lässt sie liegen und vermodern.

Es war einmal. Damals, die großen, mächtigen Fichten neben dem Fluss. Warum haben sie nicht überlebt? Der Fluss floss die ganze Zeit, auch in den Dürrejahren. Er hatte nie aufgehört zu fließen. Sie, die Radau, hatte nie aufgehört zu fließen.

Ich stehe an einer Felswand. Damals ein magischer Ort. Gleich daneben ein sehr lauschiges Waldstück. Wie schön es damals hier war. Jetzt ist alles kahl.

Ich betrachte einen Baumstumpf. Hier stand eine der mächtigen Fichten. Ein herrlicher Yggdrasilbaum. Nichts als ein Stumpf ist geblieben.

Verdrängen, verharmlosen, wegschieben, schönreden. Der Wald wird sich erneuern. Es wird ein Mischwald werden, kein „öder Fichtenwald", wie mir jemand sagte. Es wird alles neu und wunderbar werden.

Ehemalige Fichten im Radautal

Uhlenkopf

Das Sterben der Fichten scheint vorbei zu sein. Die großen Fichten sind meist alle fort.

Jetzt kommt der Dschungelwald, denke ich, als ich meinen Weg zum Uhlenkopf suche. Früher sah ich einen Pfad, konnte ihn noch erkennen, obgleich es kein offizieller Weg war. Jetzt ist alles überwuchert. Gras und Brombeeren. Birken und Buchen, teilweise undurchdringlich. Mir will das nicht gefallen. Kein richtiger, schöner Wald. Chaotischer Dschungelwald. Die „Landesforsten" scheinen mir kein Konzept zu haben. Lassen es einfach laufen. Vermutlich haben sie kein Personal, wie alle. Keiner hat mehr Personal. Mehr als 80 Millionen leben im Land und keiner hat genug Personal. Schon seltsam.

Die Fichten beim großen Uhlenkopffelsen sind alle tot. Die einst große, weithin sichtbare Himmelsfichte ist nun auch umgefallen, bzw. ihr Stamm, denn sie ist schon vor Jahren gestorben. Nun liegt der Stamm am Boden.

Der Weg zurück zum Forstfahrweg gestaltet sich sehr schwierig. Einfach zu viele Brombeerranken. Man muss sehr aufpassen! Kommt nur langsam voran. Muss immer mal nach links, dann nach rechts ausweichen, immer hin und her.

Schließlich erreiche ich wieder den sicheren Forstfahrweg. Nein, den Dschungelwald mag ich nicht. Wie kommen die Tiere damit zurecht? Kann mir nicht vorstellen, dass ihnen dieses Chaos gefällt. Zu viele Brombeeren, zu viel totes Holz, übereinander gefallene Stämme, wie riesige Mikadostäbe.

Ritual mit zwei Steinen auf der Kattnäse, 2025

Blick auf den Wurmberg. Viele tote Bäume, Reste des alten Waldes.
Wird sich der Wald erneuern?

9. Apokalypse im Garten

Wie denn das, mag mancher denken. Aber Apokalypsen gibt es überall, ganz große, kosmische – und eben kleine, die aber für das Gemüt nicht weniger bedeutsam sind. Vielleicht berühren sie uns sogar noch mehr.

Es gibt ein schönes, gut illustriertes Buch von Hesse, mit Erzählungen, Gedichten, Zeichnungen, Aquarellen: Freude am Garten.

Darin findet sich die Erzählung „Klage um einen alten Baum".

Hesse beschreibt darin, wie er sich in den Tessin zurückgezogen hatte, nach dem ersten Weltkrieg, wie er wenig Kontakt zu Menschen und dafür Beziehungen zu einfachen Dingen aufgebaut hatte. So auch zu einem Baum mit dem unschönen und aus meiner Sicht unpassenden Namen Judasbaum.

„Es war ein Judasbaum ….er war der schönste Baum des Gartens, und eigentlich war es seinetwegen, daß ich vor manchen Jahren diese Wohnung hier gemietet habe. Ich kam damals, als der Krieg zu Ende war, allein und als Flüchtling in diese Gegend, mein bisheriges Leben war gescheitert, und ich suchte eine Unterkunft, um hier zu arbeiten und nachzudenken und die zerstörte Welt mir von innen her wieder aufzubauen und suchte eine kleine Wohnung, und als ich meine jetzige Wohnung anschaute, gefiel sie mir nicht übel, den Ausschlag aber gab der Augenblick, wo die Wirtin mich auf den kleinen Balkon führte. Da lag plötzlich unter mir der Garten Klingsohrs, und mitten darin leuchtete hellrosig blühend ein riesiger Baum, nach dessen Namen ich sofort fragte, und siehe, es war der Judasbaum, und Jahr für Jahr hat er seither geblüht, mit Millionen von rosigen Blüten, die dicht an der Rinde sitzen, ähnlich wie beim Seidelbast, und die Blüte dauerte vier bis sechs Wochen, und dann erst kam das hellgrüne Laub nach, und später hingen an diesem hellgrünen Laube dunkelpurpurn und geheimnisvoll in dichter Menge Schotenhülsen." (S.85, m.U.)

Den Baum könnte man als einen Baum der Erleuchtung verstehen. Oder auch als einen Baum der Hoffnung auf eine bessere Zukunft.

Eines Tages jedoch wird die Gegend von einem fürchterlichen Sturm heimgesucht, der viele Schäden verursacht. Die materiellen Schäden sind für Hesse nicht so wichtig, zerbrochene Ziegel, Fensterscheiben, geknickte

Weinstöcke.

„Aber das Schlimmste, das Unersetzlichste, ist für mich der Judasbaum."
(S. 88)

Der brutale Sturm hat seinen geliebten Baum umgehauen. Er empfindet
es so schlimm wie den Tod eines Freundes. Er hatte damals tatsächlich einen
Freund durch den Tod verloren. Nun liegt der große Baum im Garten und
hat außerdem weitere Gewächse zerstört.

Für einen Gärtner, für einen Freund der Bäume wie es Hesse gewesen
war, ist das eine kleine Apokalypse. Stürme kennen kein Erbarmen, kennen
kein Mitgefühl, kennen keine Rücksicht. Sie schlagen gnadenlos zu und
können einen wunderschönen, alten Baum in kurzer Zeit vernichten.

Wer nüchtern ist, wird vielleicht sagen, dass man ja einen neuen Baum
pflanzen könne. Für einen empfindsamen Dichter wie Hesse, und Hesse war
sicher einer der empfindsamsten Dichter unseres Landes, ist das jedoch eine
absolute Katastrophe, ein Schmerz, den er wie einen Schmerz am eigenen
Körper erfährt.

*

Im Laufe von Jahrzehnten habe ich viele Bäume und viele Stauden ge-
pflanzt. Leider ist vieles davon früher oder später eingegangen. Bei den
Stauden waren es oft die Schnecken, aber auch die Wühlmäuse, die im Un-
tergrund ihr Zerstörungswerk durchführten. Natürlich, sie wollen auch nur
fressen, auch nur überleben. Bei den kleinen Bäumen wurden die Wurzeln
oder die Rinde angenagt, so dass der Baum schließlich gestorben ist. Es hat
mich immer recht traurig gemacht. Oft habe ich den Garten nur als eine Art
„Kampfplatz" gesehen, auf dem Pflanzen und Tiere ums Leben miteinander
und gegeneinander ringen. Also keine romantische Idylle, auch wenn es auf
den ersten Blick so scheinen mag. Die Ritterspornstauden am Hauseingang
hatten Jahre durchgehalten, schließlich sind sie doch eingegangen, trotz aller
Bemühungen von meiner Seite. Neue konnte ich nicht etablieren.

Es gibt Apokalypsen, die kommen von der großen Natur, Stürme, Erdbeben, Vulkanausbrüche, gigantische Waldbrände.

Gegen die große Natur werden wir immer machtlos sein.

Wenn eine Eiszeit kommt, dann kommt sie und wir können nichts aufhalten.

Und es gibt die Apokalypsen, die kommen vom Menschen. Von seinem rücksichtslosen Tun. Es werden ohne triftigen Grund Bäume abgesägt, Büsche abgehauen, alte Gärten völlig platt gemacht. Man sieht es immer wieder – und das überall. Man spürt den Hass der Menschen auf die Natur, auf die wilde Natur. Man spürt den Zerstörungstrieb, die Zerstörungswut. Manchen scheint es auch so richtig Spaß zu machen. Und gegen Spaß darf man in einer Spaßgesellschaft nichts sagen, denn das ist ihr GOTT, der eigene SPASS.

Man kann sagen, dass sie krank sind oder gestört. Das ist eine Tatsache der aktuellen Menschheit. Der Mensch ist kein Übermensch geworden, also ein höherer Mensch, besser und edler. Er ist eher zurückgefallen in eine unglaubliche Primitivität. Der Garten ist da für manche ihr kleines Schlachtfeld. Da kann man seine Zerstörungstriebe ausleben.

Was mögen die Tiere denken?

Was mögen die Pflanzen, die Bäume auf ihre bescheidene Art denken?

Warum zerstören sie uns, warum nehmen sie uns das Leben?

Wenn die Tiere sprechen könnten? Wenn Pflanzen reden könnten? Gibt es dazu ein Buch? Ich weiß es nicht.

Wenn Pflanzen sprechen könnten, würden sie von der Versklavung durch die Menschen sprechen, von der angemaßten Allmacht des Menschen, von seiner Gier und Rücksichtslosigkeit, im kleinen Garten wie in den großen Wäldern.

Da stand doch gestern noch ein schöner Baum, wo ich ein Nest bauen wollte, würde die Amsel klagen. Da standen doch gestern noch so schöne Büsche, wo soll ich denn jetzt mein Nest bauen, mag die Drossel klagen. Es wird immer kahler und kahler. Sie hauen alles ab, die Menschen-Unwesen. Was ist mit ihnen los?

Der Frühling ist für viel' ein Grab,

da haun sie Büsch' und Bäume ab,

verbrenn' das Zeug beim Osterfeuer,

das macht n Spaß, ganz ungeheuer.

Kein schöner Vers, eher ein kaputter, aber das passt zum Thema. Es soll ja kein schöner Vers sein, sondern nur den Wahnsinn zeigen.

*

Vor Jahren tauchte der Zünsler auf und hat bisher viele Buchsbäume total zerfressen und zerstört. Jetzt hat er auch meinen Garten erreicht und ich versuche ihn zu bekämpfen. In anderen Gärten habe ich schöne Buchsbaumhecken gesehen, die jetzt kahl und zerstört sind, sofern man die Hecken nicht bereits entfernt hat. Was der Borkenkäfer für die Fichten im Harz gewesen ist, das ist der Zünsler für den Buchsbaum.

„Der **Buchsbaumzünsler** (*Cydalima perspectalis*) ist ein ostasiatischer Kleinschmetterling aus der Familie der Crambidae, der zu Beginn des 21. Jahrhunderts nach Mitteleuropa eingeschleppt wurde und sich zur invasiven Spezies entwickelt hat. Die Raupen verursachen Schäden durch Kahlfraß an Buchsbäumen." (Quelle Wikipedia)

Da lese ich es wieder: invasive Spezies. Immer dieser Invasionen. Vor allem aus Asien. Seit Jahren führe ich „Krieg" gegen den japanischen Knöterich, auch so eine invasive Art. Es gibt viele Neophyten und Neozoen, die in unser ökologisches System nicht gehören. Das gilt auch für bestimmte Menschenarten, was man aktuell ja nicht sagen darf, ohne sofort als beschimpft zu werden, aber biologische Tatsachen bleiben nun einmal Tatsachen, egal was manche Ideologen so meinen und wie sie sich die Welt schön reden.

An sich sieht der Falter ja ganz hübsch aus. Aber soll ich zulassen, dass er meine Buchsbäume total vernichtet?

60

Wehret den Anfängen! Ein trivialer Satz, den jeder kennt, aber keiner beachtet oder beherzigt hat. Als die Invasion der Neophyten oder der Neozoen begann, hat man oft nicht sofort reagiert. Radikal und konsequent.

Warum ist man so nachlässig gewesen?

Wusste man es nicht? Wollte man es nicht wissen?

Wann sind fremde Pflanzen und Tiere eine Bereicherung, wann sind sie gefährlich oder destruktiv, weil sie einfach nicht ins Ökoystem passen, keine Fressfeinde haben und am Ende nur destruktiv sind.

In der Natur muss immer alles im Gleichgewicht sein: Die Produzenten, die Konsumenten und die Destruenten. Das Kreative und das Destruktive, das Aufbauende (composition) und das Zersetzende (decomposition) müssen ausbalanciert sein. Überall. In jedem Garten. Auch in einem magischen Garten. Einfach überall. Ein steriler Garten ist nicht im Gleichgewicht.

Die Raupen haben eine abschreckende Farbkombination. Gelbgrün, schwarz und weiß gestreift mit einer schwarzen Kopfkapsel. Welcher heimische Singvogel schnappt sich diese Raupen, die er nicht kennt und die ihm verdächtig vorkommen, zumal das Gift des Buchsbaums in ihm steckt? An sich fressen die Singvögel alle möglichen Raupen und sorgen so für ein Gleichgewicht. Schaue ich mir die vielen Raupen an, sehe ich, dass es kein Gleichgewicht gibt.

Also muss ich den Zünsler bekämpfen, obgleich es vielleicht aussichtslos ist, wenn ich von der massiven Vermehrung lese. Immer diese Massenvermehrung, denke ich. Ein ungutes Phänomen in der Natur: Massenvermehrung.

Vor zig Jahren schrieb ich mal, dass der Mensch eine Art Borkenkäfer sei und alles zerstören würde. Von den Heuschreckenplagen hat sicher jeder gehört. Was solche Schwärme vernichten können, unglaublich!

Der Mensch ist nicht besser, ein destruktiver Massenvermehrer, eine invasive Art auf der Erde. Am Ende wird er fort sein, aber sein Plastik und Atommüll wird Zeugnis ablegen von seinem bösen Handeln, das deshalb böse ist, weil es das Gleichgewicht gestört hat.

10. Der Untergang Tibets

In den neunziger Jahren und bis nach 2000 habe ich mich viel mit dem Untergang Tibets beschäftigt. Im Westen kein Thema. Man legte und legt immer so viel Wert auf die Freiheit von anderen Völkern, aber das galt nicht sonderlich für Tibet, weil man mit China Geschäfte machen wollte.

Bis 1989 hielt man das eher für ein chinesisch-tibetisches Problem, auch wenn man 1989 dem Dalai Lama den „Friedensnobelpreis" gegeben hatte, aber das empfand ich schon damals eher als ein Alibi. Inzwischen ist China ein Gigant geworden, ein Riesendrache, nicht zuletzt dank westlicher Hilfe. Es hat wohl keiner begriffen, was man da gefördert hatte. Tibet war ein freies Land, ein großes, freies Land auf dem Dach der Welt, dass sich China 1950 einfach mal einverleibt hat. Für mich war und ist es ein ungeheuerliches Verbrechen.

Schon in den sechziger Jahren gab Lama Govinda eine treffende Analyse am Beginn seines Buches „Der Weg der Weißen Wolken".

„Tibet war zum Symbol alles dessen geworden, was der heutigen Menschheit verloren gegangen ist und was ihr auf immer zu entschwinden droht, obwohl sie sich zuinnerst danach sehnt: die Sicherheit und Stabilität einer Tradition, die ihre Wurzeln nicht nur in einer historischen und kulturellen Vergangenheit hat, sondern im innersten Wesen des Menschen, in dessen Tiefe diese Vergangenheit als ein ewig gegenwärtiger Quell geistiger Schöpferkraft verborgen liegt.

Und mehr noch: was in Tibet vor sich geht, ist symbolisch für das Schicksal der Welt. Wie auf einer ins Riesenhafte erhobenen Bühne spielt sich vor unseren Augen der Kampf zwischen zwei Welten ab, der je nach Standpunkt des Beobachters entweder als der Kampf zwischen Vergangenheit und Zukunft, zwischen Rückständigkeit und Fortschritt, Religion und Wissenschaft, Aberglaube und Vernunft gedeutet werden kann – oder als der Kampf zwischen Mensch und Maschine, geistiger Freiheit und materieller Macht, der Weisheit des Herzens und dem intellektuellen Wissen des Hirns, zwischen der Würde des menschlichen Individuums und dem Herdeninstinkt der Mas-

se, zwischen dem Glauben an die höhere Bestimmung des Menschen durch innere Entwicklung und dem Glauben an materiellen Wohlstand und eine sich immer weiter steigernde Produktionsfähigkeit weltlicher Güter."

Lama Govinda hat das 1966 geschrieben, lange bevor China zu dem Supergiganten wurde, der China heute ist. Inzwischen ist Tibet nur eine Provinz von China. Man hat Tibet komplett umgebaut. Alles ist dem Diktat des chinesischen Materialismus unterworfen.

Der Widerstand scheint mir schon lange gebrochen. Die Zeit der Selbstverbrennungen tibetischer Mönche ist wohl vorbei. Vor der Olympiade 2008 in Peking gab es viele davon. Damals bekam ich noch Newsletter von der Tibet-Initiative Deutschland. Das endlose Elend und die eigene Ohnmacht wurden mir dann jedoch zu belastend.

Heute, 2025, kann ich es mir nur als einen fürchterlichen Überwachungs- und Polizeistaat vorstellen. Eine digitalisierte Diktatur.

Dem Individuums bleibt nur der Rückzug ins Private, in die Einsamkeit, in die Stille, in die Meditation.

Die Schamanen Sibiriens und der Mongolei konnten die Jahrzehnte der kommunistischen Diktatur nur durch einen Rückzug ins Private und Geheime überstehen und überleben – wenn sie es denn konnten. Immer gab es Verräter. Immer gab es Denunzianten! Gerade in diktatorischen Systemen. Russland ist mittlerweile wieder eine Diktatur geworden. Die Schamanen in Tuva sind hoffentlich vorsichtig im Tun und im Reden. Als ich sie 2000 kennenlernte, gab es noch nicht die Putin-Diktatur.

Was würde Govinda heute schreiben?

Der Kampf ist verloren, der Kampf ist vorbei?

Om Ah Hung Bendsa Guru Pema Siddhi Hung

Das Mantra von Padmasambhava, Guru Rinpoche:
(Körper, Seele, Geist – Weisheitslehrer – Lotus, Kräfte - Geist)

Lama Govinda hat irgendwo geschrieben, dass es nicht darauf ankomme, dass große Klosteranlagen existieren, sondern darauf, ob der Buddhismus im Herzen des tibetischen Volkes verwurzelt sei und ob man diesen lebt und vor allem praktiziert durch Rezitationen und Meditationen.

China hatte große Klosteranlagen zerstört, Später dann, nach 1980 teilweise wieder aufgebaut. Natürlich für die Touristen, und sicher nicht für das tibetische Volk. Dieses ist den Chinesen ohnehin egal.

Echte Spiritualität will immer gelebt werden. Ob moderne Tibeter, die in den chinesischen Schulen waren, noch die Pujas praktizieren? Ich weiß es nicht. Denke mir, dass es nicht viele sein werden. Sie müssen ja im modernen von China absolut dominierten und geprägten Land überleben. Da hilft ihnen der Buddhismus wenig bis gar nicht. Die Alten sterben aus oder sind es längst.

Nach einer kurzen Recherche im Internet musste ich feststellen, dass sich an der desolaten Lage in China nichts in den letzten Jahren geändert hat. China ist ein repressiver Staat und unterdrückt massiv alles, was seiner Ideologie nicht entspricht oder sogar so renitent ist, Widerstand zu leisten, in welcher bescheidenen Form auch immer.

Jemand schickte mir ein älteres Video, in dem es um die dunklen Seite des Dalai Lama geht. Ich hatte davon schon vor vielen Jahren gehört und das Video war mir bekannt.

Es gibt zwei Ebenen:

die reale, politische, soziale und ökonomische Ebene.

Außerdem die eigentlich spirituelle und den „Traum von Tibet" - oder den Traum von Shangrila, einem reinen, geistigen Land.

Die erste Ebene ist de facto ausgesprochen desolat.

Mich persönlich interessiert mehr die zweite Ebene.

Der Traum von Tibet.

Ist der Traum ausgeträumt? Endgültig untergegangen? Für einen persönlich, aber auch sonst, als kultureller und spiritueller Traum westlicher Menschen von einer besseren, spirituell geprägten Welt?

Padmasambhava, Guru Rinpoche, der tibetische Buddha,
der tantrische Meister, zentrale Figur des tibetischen Buddhismus

Wir müssen Träume bewahren. Für uns selbst, aber auch für kommende Generationen. Vielleicht ist das wichtiger denn je. Wenn man als Buddhist einen Lehrer und „Meister" hat, dann bleibt man diesem in der Regel treu. Also achtet, schätzt und verehrt ihn noch viele Jahre lang, weil er einen ausgebildet und gefördert hat. Jeder Mensch hat biologische Eltern, die ihn erziehen. Die spirituelle Schulung erfolgt eher durch einen „Meister", der ein Vorbild ist oder sein sollte, das man für sich selbst im Leben anstrebt.

Der Traum ist und bleibt Teil des Lebens. Traum bedeutet in diesem Zusammenhang so viel wie ein Weg, den man gehen will. Der Begriff Traum hat in der westlichen Kultur keinen hohen Stellenwert. Viele sehen Traum und Realität als Gegensatz – und entscheiden sich für die Realität. Andere Völker entscheiden sich eher für den Traum, weil er Bedeutung, Tiefe und Sinn vermittelt. Die Realität ist demgegenüber eher platt, leidvoll, hässlich oder was auch immer.

Ohne einen starken Traum kann kein Mensch leben. Ohne einen starken Traum kann auch keine Gesellschaft lange überleben. Sie wird verkümmern und innerlich arm und hohl werden. Träume sind wie ferne Ziele. Was will man? Was strebt man an?

Im Westen ist immer von Freiheit und Wohlstand die Rede. Aber wer ist frei, und wer lebt im Wohlstand?

China träumt von absoluter, nationaler Größe. Das größte China aller Zeiten. Politische Träume waren und sind gefährlich. Oft haben sie in den Untergang geführt. Heute könnte man sagen, dass sie nicht „nachhaltig" waren, ein Wort, das ich zwar nicht mag, aber leider verwendet man es oft und jeder weiß, was gemeint ist. Die aktuellen politischen Träume auf der Erde würde ich allesamt als nicht „nachhaltig" bezeichnen wollen, denn sie basieren mehr oder weniger auf der Ausbeutung von Menschen und der Natur. Aus meiner Sicht ist aktuell nichts „nachhaltig".

Ein spiritueller Traum sollte auch „nachhaltig" sein. Also immer an ferne, zukünftige Generationen denken, jetzt und heute vor allem an die Natur, die einfach die Grundlage des Lebens ist und bleiben wird.

Ob das für den Traum innerhalb Tibets vor der chinesischen Invasion galt, kann ich nicht beurteilen. Es gab mal eine Bestrebung, das Sektierertum, also die Aufsplitterung in viele Schulen und Sekten zu überwinden. Das gelang nicht, und im Westen sehen wir heute das bunte Bild von viel zu vielen Gruppen und Richtungen. So kann keine Einheit, kein Zusammenhalt entstehen und auch kein wirkliches Verständnis füreinander, weil jeder nur an seine Richtung, an seine Sicht etc. denkt.

Im Westen war der Traum von Tibet vielleicht eine Art Kompensation, ein Wunschdenken. Tibet als spirituelles Arkadien, oder Shangrila, wie man es im Osten nennt, wo alles wunderbar und edel, anständig und rein, geistig und moralisch einwandfrei ist.

Träume, die an der Realität vorbei gehen oder diese ignorieren, sind nicht gut und werden scheitern, so gut sie auch immer gemeint sein mögen. Träume, die realistisch sind, so paradox sich das anhören mag, sind gute Träume, können langfristig eine gute Wirklichkeit kreieren.

Wann und wie entstehen sie, die besonderen Träume des Lebens?

Vielleicht hat man einen Film gesehen, ein Konzert gehört, einen inspirierenden Menschen getroffen, ein Buch gelesen. Alles Mögliche kann die Initialzündung in Gang gesetzt haben. Wenn man innerlich bereit ist, kann das über Jahre und Jahrzehnte wirksam sein. Man kann das nicht bewusst herbei führen. Es geschieht einfach. Es passiert plötzlich.

Das ist wie mit dem *Ruf der Geister*. Die Geister, die *spiritis*, wie die Indigenen sagen, rufen uns, und wir müssen ihnen folgen.

Ja, aber, sagen dann viele. Ja, aber bedenke doch. Heute würde man auf irgendwelche Videos hinweisen, die einem die Geister austreiben sollen. Es wird nicht funktionieren. Die Geister sind stärker. Das Verrückte an der heutigen, so materialistischen Zeit ist, dass die Geister uns zeigen, wie stark sie sind, die dunklen Geister der Verführung nämlich, die Geister der Gier und der Sucht. Für diese Geister sind die Menschen nur Marionetten, die sie in den Untergang treiben, und sie lachen über die Dummheiten und Illusionen. Sie treiben ein schreckliches, verderbliches Spiel mit der Menschheit.

Wen haben die guten Geister erreicht?

Die Weiße Tara – schützende Gottheit oder nur ein mentales Konzept?

Für welchen Traum steht die Weiße Tara?

Sie steht für den Traum von einer anderen Welt, jenseits von Gewalt und Primitivität. Sie steht für den Traum von Reinheit, äußerlich und innerlich. Sie steht für den Traum vom Edlen. Sie steht für den Traum von einer freien Seele. Sie steht für Herzensgüte und Mitgefühl mit allen Wesen, also auch Pflanzen und Tieren.

Es steht alles im absoluten Kontrast zum chinesischen Größenwahn. Ich denke oft: das ist ja größenwahnsinnig. Ein Wort, das ich in den Medien kaum oder gar nicht höre. Nun, dort sitzen bezahlte, angepasste Journalisten, die keine Psychologen sind, die nicht die größenwahnsinnige Seite des menschlichen Denkens und Handelns untersucht haben. Werte wie Herzensgüte oder gar „Barmherzigkeit", was wohl schon ein antiquierter Ausdruck ist, gibt es für sie eher nicht. Alles ist immer zu mental, zu kopflastig, zu sehr Verstand, technokratischer Verstand, denn die Technokratie ist die Krake, die in den Köpfen sitzt.

Ich frage mich, wie das bei den Tibetern war. Ich denke zurück an meine Seminare im buddhistischen Kloster. Grüne Tara, Weiße Tara. An die Einweihungen. Die Initiationen durch den Lama. Das ist die formale Seite. Aber was haben sie alle wirklich in ihrem Herzen gelebt?

Und die normalen Tibeter im weiten, weiten Land, die Nomaden mit ihren Yaks: Was bedeutete ihnen die Weiße Tara? Und heute, was mag davon geblieben sein? Haben sie noch einen Altar – oder flimmert nur das TV den ganzen Tag und die Kinder spielen mit dem Smartphone herum? Ich weiß es nicht. Eigentlich kann ich mir auch nur vorstellen, dass die Fernsehkrake alles dominiert. Die Tara ist zu still. Sie zeigt keine äußere Wirkung und liefert kein buntes Unterhaltungsprogramm wie „China total". Keine Ahnung, ob das chinesische TV so heißt oder „China today". Ist mir auch egal. Vielleicht heißt es auch „China above all". Was man oft hört, gräbt sich ins Bewusstsein. „Om Tare tutare ture soha" hört man nicht mehr und singt es dann auch nicht mehr. Großmutter ist alt und wird bald sterben. Ticktock, so geht die Zeit. Ticktack, das war einmal. Schlaf ein bisschen, Großmutter! Hör auf zu brabbeln

Der Buddha steht für den stillen, ruhigen, ausgewogenen Geist. Jeder sieht und weiß, wie weit der Mensch im Allgemeinen im Jahre 2025 davon entfernt ist. Buddha repräsentiert praktisch den idealen Menschentypus.

In einem aktuellen Bericht über Tibet lese ich auf tagesschau.de (27.2.2024 Radio Free Asia) von einem Protest gegen einen Staudamm. Über tausend Menschen sollen festgenommen sein. Einige wurden geschlagen. Für das Staudammprojekt müssten zwei Dörfer und sechs Klöster umgesiedelt werden. Tibet sei abgeschottet, heißt es, man komme kaum oder gar nicht an Informationen.

Auch für Menschenrechtsorganisationen ist es schwierig, sich ein Bild von der Lage vor Ort zu machen, erzählt Kai Müller von der Organisation International Campaign for Tibet: "Es ist äußerst schwer, aus Tibet direkte Informationen zu bekommen, da die chinesische Regierung die Kommunikation lückenlos überwacht, insbesondere ins Ausland oder im Internet."

Für die jetzt verhafteten Tibeter bedeute das nichts Gutes, sagt der Menschenrechtler Müller: "Wir müssen davon ausgehen, dass sie in großer Gefahr sind, gefoltert zu werden und dass viele von ihnen lange Haftstrafen antreten müssen oder manche gar verschwunden bleiben." Das sei leider die Realität in Tibet.

Ich vermute, dass die chinesische Regierung denkt, dass es ja nur zwei Dörfer seien. Was sind schon zwei Dörfer? Die sechs Klöster, wobei ich mich über die hohe Zahl wundere, zählen vermutlich gar nicht, weil man den tibetischen Buddhismus ohnehin für total rückständig hält.

Auf der Seite von Tibet Initiative Deutschland lese ich:

Tenzyn Zöchbauer, Geschäftsführerin der Tibet Initiative: „Die von der chinesischen Regierung festgenommenen Tibeter*innen wollten einzig und allein ihre Klöster, ihre Dörfer, ihre Heimat beschützen. Trotz der massiven Unterdrückung von Tibeter*innen in China haben sie sich auf die Straße getraut und für ihre Rechte demonstriert. Nun ist der chinesische Staat mit Elektro-Schockern, Wasserwerfern und Pfefferspray gegen sie vorgegangen. Dass uns trotz Zensur Bilder der Proteste erreichen, zeigt wie dramatisch die Lage ist. Wir fordern, dass die chinesische Regierung die Tibeter*innen unverzüglich freilässt. Von Außenministerin Baerbock erwarten wir ein öffentliches Statement zum Vorfall: Annalena Baerbock muss klare Kante gegen das brutale Vorgehen der Kommunistischen Partei zeigen.“

Es ist immer die gleiche Geschichte, denke ich. Seit Jahrzehnten höre oder lese ich davon.

Die Mächtigen wollen irgendeine Anlage errichten, am besten in einem Wald oder einem dünn besiedelten Gebiet. Die eigenen Interessen ökonomischer Art werden verabsolutiert. Die Interessen der einfachen Bevölkerung oder gar von Mönchen zählen nicht. Schließlich geht es um das große Ziel des Fortschritts, der Energiegewinnung, der Ausbeutung von Rohstoffen oder was auch immer. Proteste will man nicht, China schon gar nicht, bei uns am liebsten auch nicht.

Die Geschichte spielt sich überall auf der Erde in vielen Variationen ab. Einmal mehr wird dadurch deutlich, wer die Macht hat und wer nicht, welche Werte zählen und welche nicht.

Der Westen hat für mich ebenfalls keine echten Werte, auch wenn uns permanent die Propaganda von „Freiheit und Demokratie" eingehämmert wird. Spirituelle Werte, wie Vergeistigung, Selbstlosigkeit oder gar Hingabe, gibt es nicht. Der Wert von Heimat, von alten Klöstern, von „heiliger Natur" oder gar der Verzicht auf weiteren Fortschritt im technokratischen Bereich, darauf kann man nur vergeblich hoffen oder warten. Von Besessenen kommt da nichts, wird da nichts kommen.

Ich kenne die Gegend im Osten Tibets natürlich nicht. Es wird seinen Grund haben, dass es dort so viele Klöster gibt. Vielleicht handelt es sich um eine besondere spirituelle Region. Aber das ist am Ende auch egal, weil die Interessen der Menschen dort zählen, deren Rechte, deren Werte.

Hier eine Seite von einem Tourismusunternehmen:
https://www.tibetreisen.com/821-Das-Feinste-des-Tibetischen-Gebietes-Kham-in-West-Sichuan.html

Chenresig, Buddha des Mitgefühls

Der Westen denkt immer, er sei besser als China oder Russland. Er sei demokratisch, würde die Menschenrechte achten, die Natur nicht ausbeuten und hätte seine „christlichen Werte".

Eine einzige Heuchelei in meinen Augen.

Die Amerikaner haben die Indianer auszurotten versucht. Das gelang nicht vollständig, aber unterdrückt werden sie bis heute, leben bis heute am Rande der Gesellschaft und ihrem exzessiven Materialismus. Wären die Amerikaner wirklich für die Freiheit der Völker, dann hätten sie sich 1950 für Tibet eingesetzt. Aber sie haben zugeschaut. Sie hatten keine Machtinteressen, und darum geht es ihnen immer, bis heute, um ihre Machtinteressen, ihre Hegemonie.

Wären wir besser, würden wir unsere angeblich christlichen Werte leben, wobei ich mich frage, worin diese denn wirklich bestehen.

Gibt es ein „christliches Wirtschaftssystem" im Sinne von „einer trage des anderen Last"? Nein, gibt es nicht. Es ging und geht immer ums Gewinnstreben, um die eigenen Vorteile, die eigenen Privilegien.

Eine Ministerin, die sich manchmal im weißen Kleid wie eine Heilige präsentiert, aber sich am Ende vor allem für ihr Outfit und ihre Frisur interessiert und dafür hohe Summen ausgibt. Ein typisches Beispiel. Man will vielleicht edel sein, aber bekommt es nicht hin, weil die Privilegien und die Performance am Ende doch wichtiger sind. Warum trägt sie dauernd ein anderes Kleid? Warum nicht jeden Tag dasselbe wie die Nonnen? Wer meint, er würde eine höhere, geistige Idee repräsentieren, muss das innerlich wie äußerlich zeigen.

Ein spiritueller Tibeter kultiviert in seinem Bewusstsein den Geist von Chenresig bzw. Avalokiteshvara. *Om mani peme hung.* Welcher Westler aktiviert und lebt das Christusbewusstsein? Welcher Westler hat ein Mantra, mit dem er länger und intensiv arbeitet? *Herr Jesus Christus komm und wandle meinen Geist.* Man behauptet lieber, man plappert lieber nach, begnügt sich mit Floskeln und am liebsten diskutiert man nur endlos im Kreis herum. Ein mentales Gerede ohne Ende, endlose, ergebnislose Diskussionsschleifen. Mitgefühl kann jeder zu jeder Zeit kultivieren und leben. Man muss dafür nicht einmal spirituell sein.

11. Der Untergang der Katharer

Das Schicksal der Katharer berührt mich schon seit vielen Jahren. Sie lebten eine anderes Christentum als das der offiziellen Macht in Rom. Sie hatten eine andere Sicht auf die Welt und wurden von der Kirche gnadenlos ausgemerzt.

Der extreme Dualismus von einer materiellen, aber bösen Welt auf der Erde – und einer spirituellen, himmlischen Dimension mag heute sicher vielen nicht gefallen. Nach ihrem Weltbild gibt es so etwas wie zwei Götter: ein böser, Satan, der die Welt beherrscht – und ein guter, himmlischer, jenseitiger Gott. Dem wollten sie nah sein. Auf ihrem magischen, heiligen Berg mögen sie das gespürt haben. Ich kann es mir sehr gut vorstellen.

Die Kirche hasste diese Leute, die etwas anderes dachten und leben wollten. Sie wollten ihre Seele vom Dreck der Welt reinigen, um gewissermaßen in das reine, himmlische Reich zurückzukehren. Ein Grund für die Vernichtung der Katharer ist das natürlich nicht. Es zeigt vor allem die Intoleranz der katholischen Kirche.

Montsegur. 1207 Meter hoch.

Ein magischer Berg.

Auf dem Gipfel stand die Katharerburg.

Mons securus, der sichere Berg.

„Die Bewohner der Burg wurden vor die Wahl gestellt, entweder ihrem Glauben abzuschwören oder auf dem Scheiterhaufen verbrannt zu werden. Am Morgen des 16. März 1244 wurde die Burg nach einem Waffenstillstand von zwei Wochen an die Belagerer übergeben. 225 Katharer unter ihrem Bischof Bertrand Marty wurden verbrannt, weil sie die geforderte Unterwerfung unter den katholischen Glauben verweigerten. Einige Katharer konnten auf die Burg Puilaurens flüchten. Dort wurden sie später ermordet." Quelle: Wikipedia

Ich erinnere mich an die „Kirche der Liebe". Vielleicht ist das ein Urmuster der Weltentwicklung. Wenn etwas untergeht, entsteht etwas Neues, was das Gegenteil von dem Bisherigen ist.

Vielleicht muss heute die Katholische Kirche untergehen, weil ihr ganzes Fundament falsch und verlogen ist, zu sehr Macht, zu sehr Dogma, zu sehr Unterdrückung, zu sehr Missbrauch, zu sehr Heuchelei, zu sehr Bevormundung.

Den folgenden Text fand ich das erste mal in Gabriele Göbels Buch über Hildegard von Bingen (S.360). Darin findet sich eine Szene, in der sich Hildegard mit einer ehemaligen Nonne unterhält, die jedoch lieber auf den Scheiterhaufen geht, als dass sie ihrer alternativen Sichtweise abschwört.

"Diese Kirche lebt nicht als feste Form, nur im Einvernehmen der Menschen untereinander.
Sie hat keine Mitglieder, außer jenen, die sich zugehörig fühlen.
Sie hat keine Konkurrenz, denn sie wetteifert nicht.
Sie hat keinen Ehrgeiz, denn sie wünscht nur zu dienen.
Sie zieht keine Landesgrenzen, denn das Staaten-Denken entbehrt der Liebe.
Sie kapselt sich nicht ab, denn sie sucht alle Gruppen und Religionen zu bereichern.
Sie achtet alle großen Lehrer aller Zeiten, welche die Wahrheit der Liebe offenbarten.
Wer ihr angehört, übt die Wahrheit der Liebe mit seinem ganzen Sein.
Weder gesellschaftliche Schicht noch Volkszugehörigkeit bedeuten für sie eine Schranke.
Wer dazugehört weiß es.
Sie trachtet nicht, andere zu belehren; sie trachtet nur, zu sein und durch ihr Sein zu geben.
Sie lebt in der Erkenntnis, dass die Art, wie wir sind,
auch die Art sein mag von denen, die um uns sind, weil sie um die Einheit weiß.
Sie macht sich nicht mit lauter Stimme bekannt, sondern wirkt in den feinen Bereichen des liebenden Seins.
Sie verneigt sich vor allen, die den Weg der Liebe aufleuchten ließen und dafür ihr Leben gaben.

Sie lässt in ihren Reihen keine Rangfolge zu und keine feste Struktur,
denn der Eine ist nicht größer als der Andere.
Ihre Mitglieder erkennen einander an der Art zu handeln, an der Art zu sein und an
den Augen
und an keiner anderen äußeren Geste als der geschwisterlichen Umarmung.
Jeder einzelne weiht sein Leben dem stillen und liebevollen Umgang mit dem
Nächsten und seiner Umwelt,
während er seine täglichen Pflichten erfüllt, wie anspruchsvoll oder wie bescheiden
sie auch sein mögen.
Sie weiß um die absolute Gültigkeit der Großen Wahrheit,
die nur dann verwirklicht wird, wenn die Menschheit aus dem obersten Gebot der
Liebe handelt.
Sie verspricht keinen Lohn, weder in diesem noch in jenem Leben,
nur unsagbare Freude des Seins und des Liebens.
Jeder trachtet danach, der Verbreitung des Wissens zu dienen,
in aller Stille Gutes zu wirken und nur durch eigenes Beispiel zu lehren.
Die zur Kirche der Liebe gehören, kennen weder Furcht noch Scham,
und ihr Zeugnis wird immer, in guten wie in schlechten Zeiten, gültig sein.
Die Kirche der Liebe hat kein Geheimnis, kein Mysterium und keine Einweihung,
außer dem tiefen Wissen um die Macht der Liebe
und um die Tatsache, dass die Welt sich ändern wird, wenn wir Menschen dies wollen;
aber nur, indem wir uns zuerst ändern.
Alle, die sich dazugehörig fühlen, gehören dazu."

1248

Ich muss zurückdenken, als ich Maria, die Mutter Gottes, studierte und viele Stätten besuchte. Ob die Katharer einen Bezug zu ihr hatten, weiß ich nicht. Davon habe ich nichts gehört. Vermutlich gab es in ihrer Vorstellungswelt keinen Platz für eine Mutter des Himmels. Gibt es ja für viele nicht.

79

Ich hatte sehr viele Figuren entdeckt, sehr unterschiedliche. Eine, die mich angesprochen hatte, war die in Münster-Schwarzach (S.79) . Eine germanische Madonna, wie ich schon 2007 dachte.

Die Kirche der Abtei wurde in den dreißiger Jahren errichtet, 1938 eingeweiht. Die Marienfigur ist von Br. Franz Blaser, 1926. Der Künstler starb 1930. Habe leider nichts über ihn in Erfahrung bringen können.

Ich weiß nicht, wer heute in der Figur eine germanische Mutter-Göttin sieht. Nach meiner Interpretation ist sie das. Ich weiß auch nicht, was der Künstler empfunden hat oder ausdrücken wollte. Am Ende ist das jedoch egal. Es kommt, wie bei jeder Marienfigur, darauf an, was sie beim Betrachter in Gang setzt, was sie anspricht, oder ob sie ihn überhaupt anspricht.

Ein germanisches oder gar ein deutsches Christentum mag vielen nur absurd vorkommen. Aber warum eigentlich? Was heißt das eigentlich: römisch-katholisch? Was heißt jetzt und heute eigentlich christlich? Was versteht man darunter?

Es ist wie mit den politischen Begriffe wie *Freiheit und Demokratie*. Man wirft sie um sich, hat aber keine präzisen Vorstellungen.

Maria gilt als *Himmelskönigin*. Regina caeli. Was sagt uns das heute? Was für Vorstellungen haben wir, wenn wir Himmel hören, oder Königin?

Früher sprach man nach meiner Einschätzung mehr von einem höheren Bewusstsein, von einer Weiterentwicklung hin zu einer spirituellen Erleuchtung, zu einem wissenden, verständnisvollen und liebevollen Blick auf die Welt, auf alles, auf die ganze Natur. Aktuell sehe ich das nur sehr wenig. Wörter wie germanisch oder deutsch will man nicht mehr, diffamiert sie als „rechts", man will es nur abstrakt, allgemein und universell. Man will alles mental, kognitiv, nicht emotional, nicht auf der Herzebene.

Sicher, die Figur von Blaser zeigt ein universelles Bild, aber ihr Stil ist nun einmal nordisch, germanisch. Eine germanische Göttin des Himmels. Aus meiner Sicht kann man sie nicht anders deuten.

Warum schreibe ich das alles?

Weil diese Figur ein Gegenbild zum Untergang ist.

Die Vernichtung der Katharer im Jahre 1244 ist lange her. Viele werden davon gar nichts wissen. Viele werden es als „historisch" abtun. Die Geschichte ist vorbei, lange vorbei. Aber das Muster, Andersdenkende vernichten zu wollen oder sie tatsächlich zu vernichten, dieses Muster geistert noch in den Köpfen herum, und nicht nur das, es zeigt sich leider auch in der Realität. Das positive Modell lebt ebenfalls weiter. Auf einem heiligen Berg leben, sich vom Schmutz der Welt fernzuhalten, sich nach einer anderen Welt zu sehnen, für diese zu leben und spirituell zu praktizieren.

Ich hatte mich damals, 1998, schon gewundert, warum sich Hildegard so vehement für die Sicht der Kirche einsetzte und diese doch oft schrecklich grausame und brutale Welt als „Gottes Schöpfung" sehen wollte, und nicht als das Werk eines diabolischen Wesens, das den Menschen und die Menschheit verführt und in Zwängen und Süchten gefangen hält.

Man sieht es heute jeden Tag, wie die Menschheit in Teufelskreisen gefangen ist. Es ist so offenkundig! Und damals 1244 war es nicht anders. Die satanische Krake hielt die Menschen gefangen. Hildegard und ihre Visionen, ihr Kloster auf einem Berg, ebenfalls das neue Kloster bei Elbingen heute, praktisch auch auf einem Berg, ihre Schriften, im Grunde war sie irgendwie eine „Katharerin" und strebte in allem das Reine und Edle an.

Vielleicht gibt es immer diese Zeitfenster, in denen sich die Geschichte wirklich ändern könnte – aber oft geschieht das nicht. Der „Kalte Krieg" wurde nicht wirklich beendet, man zündete den Turbokapitalismus und achtete nicht auf die gegensätzlichen Weltbilder. Vor zwanzig Jahren konnte man denken, dass sich die katholische Kirche zu wandeln beginnt und man spirituell offener wird. Anselm Grün hatte durch seine Bücher dazu beigetragen. Papst Benedikt XVI am Anfang seiner Zeit ebenso, auch durch seine Werke zusammen mit Peter Seewald. Damals konnte man denken, wenn man sich die Seminarprogramme anschaute, dass man mehr Vielfalt, mehr Offenheit, mehr Meditation, mehr Mystik etc. wollte, und nicht nur rigide Dogmatik und Bevormundung der Menschen bis ins Schlafzimmer hinein.

Dann kam alles heraus. Der ganze Missbrauch. Der ganze Schmutz. Die Hardliner blieben bei ihrer Dogmatik, bei ihren uralten Formeln und wollten auf keinen Fall einen „Jesus Christ Superstar" - man erinnere sich an das Musical und den Film Anfang der siebziger Jahre, der vom Geist der Hippies geprägt war. Bloß keine Hippies! Bloß keine Ekstase! Bloß kein Marihuana! Immer schön bei der dogmatischen Ordnung bleiben, und sei sie noch so falsch, noch so patriarchalisch im uralten Sinne, wie die Mullahs im Iran, noch so frauenfeindlich, noch so hasserfüllt gegen Andersdenkende, die von Meditation, von Reinkarnation, von spiritueller Selbsterfahrung oder gar von Naturgeistern sprechen.

Absurd, wenn sich Menschen auf Jesus berufen, der alles war, nur kein Hardliner, kein erstarrter Dogmatiker, kein fanatischer Frauenfeind, sondern genau das Gegenteil. Was haben sie für eine Brille auf, wenn sie im Neuen Testament lesen, sich am Ende aber doch auf das Alte Testament berufen?

Willigis Jäger (1925-2020), ein großer deutscher Mystiker, hatte mal in einem Interview beklagt, dass man sich gar nicht mit der Mystik befassen würde. Da gibt es eine große europäische Geistesbewegung – und dann ignoriert man sie einfach. Liegt es daran, dass das Muster von „law and order" große Sicherheit gegen die wandelnde Zeit verspricht? Warum will man die „Wahrheiten" nicht hören, nicht akzeptieren? Die Wahrheit von Jesus und Maria Magdalena?

Es wurden viele kluge und gute Bücher geschrieben. Über das Evangelium der Maria Magdalena, über das Thomasevangelium, über die eigentliche Bedeutung und die richtige Übersetzung des VaterUnser – aber alles hatte keine Folgen. Es änderte sich einfach nichts.

Von Anselm Grün halte ich heute leider nicht mehr viel. Er wollte mit populären Themen Menschen für die Kirche gewinnen, aber im Grunde wollte er an seinem patriarchalischen Weltbild der Wüstenväter nichts ändern. Zu denen gehört er, zu den Wüstenvätern. Sich verständnisvoll geben für alles und jeden, über alles und jedes ein Buch schreiben. Wie viele hat er publiziert? Aber der harte Kern bleibt der harte Kern, undurchdringlich und felsenfest.

Ein hoch gebildeter Mensch, keine Frage, aber irgendwie hat er den Kern von Jesus doch nicht verstanden, denn dort geht es um das, was im Text der Katharer von der Kirche der Liebe steht. Der eigentliche Kern ist die ureigene, stille, persönliche Gotteserfahrung, und nicht das rigide Modell der Pharisäer, die schon Jesus heftig kritisierte, weil sie heucheln würden. Wäre interessant, sich mal alle Stellen genau anzusehen, in denen Jesus die Heuchelei erwähnte und kritisierte.

Vielleicht ist das der springende Punkt. Wer ein System vertritt, das auf Heuchelei basiert, also schöner Schein und nichts dahinter, um es platt zu sagen, der will nicht, dass seine Heuchelei aufgedeckt wird. Dann verschanzt man sich hinter irgendeiner strikten Lehre, Dogmatik oder Ideologie. Das Wasser des Lebens wird es immer unterminieren, und am Ende stürzt das Falsche in den gähnenden Abgrund. Am Ende steht der Untergang. So wie im Ahrtal, das man als Menetekel deuten könnte.

*

83

Vielfalt und Leere

In meinem Haus und Garten stehen zahlreiche Figuren. Buddhistische, christliche, mythologische, indianische. Ich habe sie nicht gezählt. Auch meine Altäre oder Schreine habe ich nicht gezählt.

In einer tibetischen Gompa oder einer opulent ausgestatteten katholischen Kirche sieht man viele Figuren. Mancher ist davon verwirrt. In einem Zen-Tempel steht wenig oder gar nichts. Das sind die zwei Pole der spirituellen Gestaltung von sakralen Räumen. Vielfalt und Komplexität auf der einen Seite – Leere und extreme Beschränkung auf der anderen Seite.

Einerseits ist seit Jahren in der Gesellschaft oft von Vielfalt die Rede. Viele Kulturen. Biodiversität, so nennt man es im Bereich der Natur. Andererseits ist man jedoch einseitig materialistisch. Manchmal wird Vielfalt abgelehnt, weil man sich gestört fühlt, weil sie einen irritiert oder verwirrt, oder weil man alles nur für „Götzen" hält. Es gibt leider keinen Konsens in der multikulturellen Gesellschaft, man strebt auch keinen an. Wohin das am Ende führen wird, weiß heute keiner.

Der Buddhismus war ursprünglich sehr elementar und einfach. Erst später, vor allem in Tibet, wurden die tantrischen Figuren integriert. Heute gibt es so viele, dass vermutlich keiner eine Übersicht hat.

Kürzlich schaute ich mir auf einer Internetseite Marienstatuen und Statuen von Heiligen an. Die unglaubliche Vielfalt hat mich erstaunt, obgleich ich schon länger weiß, dass es sehr viele gibt, aber nicht, dass man so viele kaufen kann.

Ich denke, dass man mit ein paar Marienfiguren durchaus spirituell umgehen kann. Aber mehr als zwanzig oder fünfzig? Alles hat ein Maß, würde ich sagen. Eine triviale Tatsache, sie wird nur wenig beachtet. In einer Gesellschaft, die seit Jahrzehnten auf Expansion und geradezu exponentielles Wachstum setzt, haben wir keinen Umgang mit dem Maß gelernt. Ich habe auch wenig dazu gelesen, sehr wenig. Früher, als Lehrer, wollten die Schüler davon nichts hören, denn Maß war Beschränkung, bedeutete eine Grenze zu setzen, man wollte lieber grenzenlos sein.

84

12. Der Untergang der freien Spiritualität

Wann ging sie unter, die freie Spiritualität?
Hier einige Thesen:

- Als der einzelne Mensch und seine Empfindungen nicht mehr zählten.
- Als sich die ersten Priesterschaften herausbildeten.
- Als man rituelle Handlungen mit Geld oder Opfergaben bezahlen sollte.
- Als die Männer alles entscheiden wollten, weil sie sich für wichtiger als die Frauen hielten und bedeutender als die GROSSE MUTTER.
- Als sie begannen, alles in Schriften festzuhalten – und am Ende die Schriften wichtiger als die Erfahrungen wurden.
- Als sie Organisationen gründeten.
- Als der Verstand (ratio, logos) immer wichtiger wurde.
- Als der Hedonismus und das materialistische Weltbild immer bedeutender wurden.

Es ist alles schon lange, lange her, denke ich. Keiner von uns Lebenden ist in einer spirituellen Welt aufgewachsen. Vielleicht gab es sie vor 70 Jahren noch in Tibet, vielleicht. Aber Tibet war ein feudalistischer Staat und hat die einfachen Leute unterdrückt. Das spricht aus meiner Sicht dagegen.

Schon bei den Römern war alles mehr oder weniger ein Geschäft, eine Frage der Organisation und der Technik. Sie waren den anderen Völkern technisch überlegen und konnten sie alle unterwerfen. Jetzt weiß ich, was „römisch-katholisch" bedeutet. Die anderen, die Gnostiker, hatten nichts zu sagen, wurden diffamiert und verfolgt. Die Mystiker ebenso. Mancher landete auf dem Scheiterhaufen.

Die katholische Kirche hat im Grunde zwei Symbole. Das Kreuz kennt jeder. Die Römer kreuzigten Tausende! Das zweite Symbol ist der Scheiterhaufen. Marguerite Porete wurde 1310 auf dem Scheiterhaufen verbrannt, weil sie sich in ihrem Buch, das es zum Glück noch gibt, für die seelische Freiheit eingesetzt hatte. Sie ist nur ein Beispiel. Die vielen Hexen dürfen wir auch nicht vergessen.

Heute gibt es offiziell keine Verfolgungen und keine Scheiterhaufen mehr, aber Diffamierungen gibt es weiter, und man kann Menschen auch zu Tode ignorieren, dann sterben sie ab wie Pflanzen, die kein Wasser bekommen. Heute, so könnte man vielleicht sagen, gibt es den digitalen Scheiterhaufen. Man kann durch und in den Medien einen Menschen fertig machen. In den sozialen Medien kann jeder mit seinem Hass dazu beitragen.

Es gibt im Westen zwei Kulturen, die immer noch bewundert werden. Die Ägypter und die Römer. Die ersten hatten eine machtvolle Priesterschaft und die Römer eine effektive Militärmaschine. Caesar gegen Vercingetorix. Die letzte große Schlacht gegen die Kelten. Alesia. 58 v. Ch. Danach war es mit den Kelten und ihrer Kultur vorbei.

In Ägypten gab es eine übermächtige Priesterschaft. Das fanden viele aufregend und ein großartiges Modell. Das hat sich bis heute gehalten. Daran haben sich andere „Theokratien" orientiert.

Was hat das mit Spiritualität zu tun? Eigentlich nichts. Es ging um die Macht des Menschen, die Macht des Heerführers (z.B. Caesar), die Macht des Oberpriesters (z.B. Imhotep – der in Frieden kommt; das erinnert an einen anderen). Macht ist der böse, dunkle Wahn des Menschen, aus dem er wohl nicht mehr erwachen wird.

Ich persönlich war nie in Rom und nie in Ägypten. Es zieht mich auch nicht dort hin. Ich weiß warum. Ich bleibe in den Wäldern und in der Heide. Ich war immer „heidnisch" und werde es bleiben. Ich weiß warum.

Man könnte ein ganzes Buch darüber schreiben, denke ich. Über diesen Untergang, diesen Niedergang der freien Spiritualität.

Heute hält sich der Mensch für Gott. Er braucht keinen mehr, den er verehren kann. Seine technische Macht, seine finanzielle Macht hat ihn verführt. Er meint, er sei jetzt ein Gott geworden – aber im Grunde bleibt er ein erbärmlicher, dummer Zauberlehrling (vgl. Goethes Ballade).

13. Die Maßlosigkeit der Moderne

Satan, Satanismus – im allgemeinen Sprachgebrauch sind diese Begriffe antiquiert. Ich verwende sie trotzdem. Was wollen sie eigentlich sagen?

Satan ist der böse, der dunkle Geist.

Der Verführer oder die Verführung.

In Goethes Faust gibt es Mephisto, den Geist, der stets verneint, und das mit Recht, denn alles, was entsteht, ist wert, dass es zu Grunde geht. (vgl. 1338) Für Satan endet alles im Untergang, in der Vernichtung, im schwarzen Loch. Verführung (temptatio) galt mal als Todsünde, heute wollen die Menschen eher verführt werden, weil es Spaß macht und so „geil" ist, wie sie oft sagen.

Im mittelalterlichen Weltbild gab es die drei Dimensionen: Himmel, Erde und Hölle. Letztere ist das Reich Satans. Heute ist die Erde eine einzige Hölle geworden. Man sieht es leider überall. Krieg, Zerstörungen, Wahnsinn, Aggressivität, Missbrauch von Kindern, Femizide etc. Man muss nicht alles aufzählen, denn das Gesamtbild ist eindeutig satanisch geprägt.

Man will es nur nicht richtig wahrhaben. Man bedauert zwar den Krieg, verbal, aber man ist für Aufrüstung, für neue Waffen. Man redet sogar von Jahrzehnten. Man lässt sich auf ein Kriegsspiel ein. Man träumt vom großen Sieg oder dem großen Gewinn.

Gigantismus ist eine Spielart des Satanismus. Wie der Faschismus. Ich sehe da keinen großen Unterschied, wenn ich mir die Bauwerke ansehe. Sie sehen sich erschreckend ähnlich.

Aber man muss sich gar nicht die große, weite Welt ansehen. Man hat es gleich nebenan, bei den Nachbarn, die Bäume absägen, Büsche komplett herunter schneiden, so dass kein Vogel einen Busch für ein Nest findet. In meiner Straße wohnen fast nur „Faschisten", was die Natur betrifft. Da hilft auch kein Solardach oder eine Wärmepunpe, wenn man die Natur niederknüppelt. Die Gewalt des kleinen Mannes und der kleinen Frau.

Tötungstrieb, Zerstörungwut – egal, wie wir es nennen, es läuft auf dasselbe hinaus, weil es nicht vom guten Geist geprägt ist.

Schon die Heilige Hildegard hatte eine lange Liste der Tugenden und der Todsünden erstellt. Manchen mag das zu einfach sein, zu dualistisch. Sicher, es gibt immer Abstufungen, Zwischentöne, aber der grundlegende Dualismus bleibt doch bestehen. Diejenigen, die immer mit den Zwischentönen kommen, wollen oft keine klare Entscheidung, sondern ihre Unklarheiten rechtfertigen.

Heute könnte man sagen, entweder man ist wirklich ganzheitlich, oder das Gegenteil, also gewinnorientiert, egoistisch, einseitig etc. Die Frage nach der Grundlage der Weltanschauung ist alles andere als überholt oder nur mittelalterliches Denken, wenn man an Satan als böse Kraft denkt.

Wir haben heute einen extremen Materialismus auf der Erde. Mir fällt das jeden Tag auf, wenn ich mir die übergroßen SUVs ansehe. Das berühmte „goldene Kalb" aus der Bibel stelle ich mir eher klein vor. Es war vermutlich gar nicht so groß, so überdimensional, trotzdem hat sich dieser Mose wahnsinnig darüber aufgeregt und gleich mal zig Leute umbringen lassen. Die großen schwarzen SUVs symbolisieren für mich alle möglichen Todsünden. Überheblichkeit, Gier, Statusdenken, Herrenmenschentum etc. Sie denken, sie seien große Herren, die Welt gehöre ihnen und nur ihnen. Die Hybris ist ins Ungeheuerliche gesteigert. Aber sie sehen es natürlich nicht so wie ich. Für sie ist es ihr gutes Recht oder ihr Lebensstil. Der heutige Mensch denkt, er sei der ganz große Herr der Welt, könne alles beherrschen, in seinem Sinne gestalten oder ganz umgestalten. Alles eine gigantische Anmaßung in meinen Augen.

Die andere Seite ist bescheiden und demütig. Allmächtig ist das Schicksal, sind die Prozesse der großen Natur, ist die Erdgeschichte, die Evolution und am Ende das weite Universum. Man sah es bei den Griechen als philosophischen Fortschritt an, den Menschen ins Zentrum zu rücken. Das halte ich inzwischen für so falsch und überholt wie das geozentrische Weltbild. Im Mittelpunkt sollte das Leben stehen, das ganze Leben, alle Lebewesen. Darum geht es der Natur. Ihr geht es nicht um eine Spezies, sondern um den ganzen Kreis des Lebens, um die ganze Vielfalt der Lebewesen, weil Leben nur in einem großen Kreislauf funktioniert.

14. Der Untergang der Megalithkultur

Lübbensteine bei Helmstedt, südliche Anlage; 2024

Es gibt sie noch, die Reste und Relikte der Megalithkultur. Wir können die „Großsteingräber" genannten Anlagen besuchen. Von dem kulturellen Hintergrund oder gar der spirituellen Welt der Erbauer wissen wir leider sehr wenig.

Sie haben uns im wesentlichen nur ihre Anlagen hinterlassen.

Auf dem obigen Stein ist ein Gesicht zu erkennen. Was sagt es uns?

Die südliche Anlage der Lübbensteine ist in einem desolaten Zustand, obgleich man sie rekonstruiert hatte, denn der Zerstörungszustand vor Jahrzehnten war noch schlimmer als der heutige.

Wer hat hier aus „Hass" die alten Anlagen zerstört? Und wann?

Wie viele Mühe sich einst die Menschen gemacht haben, um diese beiden Anlagen auf dem Hügel bei Helmstedt zu errichten. Es muss ihnen sehr wichtig gewesen sein. Es muss für sie eine hohe Bedeutung gehabt haben! Eine spirituelle Bedeutung. Vielleicht ein Ort für die Verbindung mit den Ahnen, den Vorfahren. Vielleicht auch eine Kult- oder Einweihungsstätte.

Letzteres kann ich mir sehr gut vorstellen. Besonders wenn ich die nördliche Anlage betrachte, die sich in einem deutlich besseren Zustand befindet.

Die Zerstörungen gehen leider weiter. Papier und Müll wird hinterlassen, Steine beschmiert, die Informationstafel besudelt. Und die Stadt Helmstedt lässt „störende" Bäume absägen, was in Zeiten der Klimakatastrophe völlig idiotisch ist.

Aber idiotisch waren bereits frühere Zerstörungen, vermutlich durch fanatische Pastoren aufgehetzte Leute, die immer noch das „Heidnische" bekämpfen wollen. Spirituelle Toleranz gab es damals nicht. Und heute? Nun, lassen wir besser das Thema.

Ich habe jedenfalls keine Lust, hier irgendwelche Rituale zu machen. Der Ort kommt mir verdreckt und entweiht vor. Die armen Steine!

Ob es jemals eine bessere Zeit geben wird?

Die Steine können Jahrtausende warten. Sie stehen hier ja auch schon seit 5500 Jahren oder länger. Sie werden die Klimakatastrophe überstehen. Das ist beruhigend.

Eingang zur Kammer, nördliche Anlage; 2024

Vermutlich gibt es verschiedene Gründe, weshalb die Megalithkultur untergegangen ist. Ich kann mir gut vorstellen, dass die große Gemeinschaft nicht mehr so wichtig war. Je mehr die bäuerliche Kultur sich entwickelte, deshalb mehr auch das Besitzdenken und damit die Abgrenzung. Die Betonung des Individuums wurde immer wichtiger.

Wer sich abgrenzt und vor allem als Einzelwesen begreift, der will kein Gemeinschaftsgrab.

Das magische Denken wurde im Laufe der Jahrtausende durch das technisch-rationale ersetzt. Große Steine der Natur waren dann nicht mehr beseelte Wesenheiten. Sie wurden mehr und mehr zu bloßer Materie, zu Baumaterial. So mancher große Stein wurde gesprengt und als Baumaterial verarbeitet. Für die Erbauer der Megalithanlagen wäre das ein Sakrileg gewesen, ein Frevel an Mutter Erde.

Der Glaube an Mutter Erde verschwand immer mehr. Es gab dann Götterfamilien, später dann den Monotheismus, in dem ein absolutistisch herrschender Gott alles bestimmt. Die große Urmutter des Lebens war dann nicht mehr wichtig.

The Hurlers

Nach vielen Jahren habe ich mal wieder einen Stonecircle entdeckt, und zwar The Hurlers in Cornwall, im Süden Englands. Stonecircles waren vor Jahrzehnten für mich ein sehr magisches Thema.

Auf der Suche nach einem guten Lageplan bin ich nicht fündig geworden. Auf der Suche nach einem guten Video bei Youtube bin ich auch nicht fündig geworden. Vielen geht es nur um ihre Selbstdarstellung.

Was mir schon oft aufgefallen ist und leider immer wieder auffällt, das ist die Tatsache, dass es keine spirituellen Darstellungen sind, sondern nur die Präsentation von Sehenswürdigkeiten für Touristen (English heritage) oder die erwähnte Selbstdarstellung.

Viel Getue, wenig echte (spirituelle) Substanz.

The Hurlers

Ich könnte mir gut vorstellen, dass es dort spirituelle Gruppen gibt, die das Alte bis zu einem gewissen Grad reaktivieren wollen, aber vermutlich nicht so intensiv, so dass die Aufpasser in den Behörden aufmerksam werden. Es soll ja im Grunde auch alles tot bleiben. Dead and gone! Man will keine Rückkehr ins Stoneage.

Im Norden der drei Steinkreise befindet sich ein Krafthügel, es gibt drei Steinkreise in einer Reihe, ein nördlicher, ein mittlerer und ein südlicher. Westlich gibt es zwei standing stones, The Pipers. Zwischen den Pipers kann man auf einen Hügel blicken, Stowe's Hill genannt. Ein richtiger magic hill. Leider habe ich nichts darüber in Erfahrung bringen können.

Es ist klar, dass man es sich immer selbst ansehen muss, selbst dort ritualmäßig anwesend sein muss, um eigene Erfahrungen machen zu können.

More basic information can be found here:
https://en.wikipedia.org/wiki/The_Hurlers_(stone_circles)

*

Die Megalithstätten, die man besucht, sollten möglichst in der Nähe sein. England ist für Norddeutsche einfach zu weit weg. Wenn man sie aufsucht, muss man seine eigenen Rituale der Verehrung entwickeln, denn es gibt nichts, das festgelegt wäre, und im Sinne einer freien Spiritualität wäre das auch nicht gut. Sie gelten als „Kulturdenkmal", sind aber nur Relikte aus einer lange vergangenen Zeit. Es wird nur diejenigen dorthin ziehen, die einen Kontakt zu den alten Ahnen vor 5000 Jahren suchen. Die Stätten bei Wildeshausen sind die Stätten meiner Ahnen. Leider auch zu weit weg von meinem Wohnort. Als Ersatz nehme ich die Lübbensteine, siehe oben.

the so-called Pipers

15. Der Untergang alter Reiche wie Ägypten und Rom

Die alten Reiche sind alle untergegangen. Das Reich der Ägypter. Das Reich der Perser. Athen und Rom. Das Reich der Mongolen. Und viele, viele andere. Warum sind sie alle untergegangen?

Das Reich der Römer hätte doch schon damals eine Einheit Europas darstellen können. Heute wird diese oft „beschworen", aber aktuell ist Europa sehr zerrissen. Jeder denkt an sich, an seine Vorteile. So kann und wird keine Einheit entstehen.

Warum sind die Römer untergegangen?

Früher sprach man vor allem von der Dekadenz und der Völkerwanderung. Die Dekadenz der reichen Klasse (das haben wir auch heute) und die bösen Wandalen. Letztere haben ihre Spuren im Begriff „Wandalismus" hinterlassen.

Inzwischen weiß man mehr. Die Klimafaktoren haben schon damals eine große Rolle gespielt. Schlechteres Klima verschlechtert die Ernte, und damit die Versorgung der Bevölkerung. Wir werden das noch sehr zu spüren bekommen. Es drohen Missernten, Hungersnöte. Der Zerfall von Staatssystemen. Die Perspektive scheint mir sehr unheilvoll.

Die Welt ist hoffnungslos überbevölkert. Das ist leider ein Tabuthema. Ich verstehe nicht, warum man ein so wichtiges Thema komplett vernachlässigen kann und die wachsende Bevölkerung als Schicksal versteht. In der Antike war das zumindest teilweise auch bereits ein Problem. Die Erde verträgt nicht so viele Städte, so viele Menschen, so einfach ist das. Daran muss man sich halten.

Migration, damals die Völkerwanderung, hat Rom unter anderem zu Fall gebracht. Migration in bescheidenem Ausmaß ist akzeptabel oder sogar bereichernd, aber eben keine Massenmigration. Das frühere Deutschland ist längst zerstört worden. Aber darüber kann man in diesem Land nicht vernünftig und sachlich sprechen. Schnell kommt das linke Lager mit Diffamierungen, um jede Diskussion abzuwürgen. Der Autor Sarrazin hatte das versucht, aber man hat ihn ausgegrenzt. Cancel-Culture eben, von linker Seite.

Welche Migrationsbewegungen in der Geschichte waren gut, welche destruktiv? Das könnte man erforschen. Vielleicht hat es schon jemand getan, der nicht ideologisch fixiert ist und Migration nur für gut hält.

Zurück zu den Römern. Sie waren Eroberer, das Militär war ihnen sehr wichtig. Überall gab es Lager. Sie waren auch große Baumeister, hatten geniale Ingenieure. Ihr Wirtschaftsnetz hatte rund ums Mittelmeer funktioniert. Es gab ein großes Unterhaltungsprogamm. Das Abschlachten von wilden Tieren und Menschen kann man sich heute allerdings nur mit Mühe vorstellen. Eine gewisse Integration verschiedener Völker war durchaus gelungen. Trotzdem ist alles untergegangen.

Klimaveränderungen nannte ich bereits. Epidemien sind ein weiterer Faktor. Formen der Pest. Wir heutigen Menschen haben Corona erlebt. Ich denke, es wird noch viel schlimmer kommen. Corona war erst ein kleiner Anfang. Wenn erst Millionen sterben, zwei, drei Tage nach einer Infektion wie bei der Pest. Das wird die Bevölkerung drastisch dezimieren. Am Ende kann alles durch eine gigantische, globale Epidemie kollabieren.

Ich denke nicht, dass die Natur das bewusst steuert, aber es entsteht eben. Der Natur war und ist es recht, wenn es ein Massensterben bei den Menschen gibt, nachdem es ja schon längst ein Massensterben im Bereiche der Tiere und Pflanzen gibt. Die Natur und das Schicksal waren und sind gnadenlos. Die Herrschenden waren und sind es leider auch. Sie glauben an ihre Macht und wollen diese nur ausdehnen. Brutal sind sie außerdem. Bei manchen Herrschern sieht man es sofort, bei anderen nicht – das ist der ganze Unterschied.

Ein Wort zu mir. Ich schreibe kein Sachbuch, das kann ich nicht. Ich bin nur ein betroffener, denkender, und vor allem philosophierender Zeitgenosse. Ich sehe und erfahre die unglaublichen Zerstörungen und mache mir dazu grundsätzliche Gedanken. Das ist alles.

Maß und Ausgewogenheit halte ich schon seit über 50 Jahren für sehr wichtige Prinzipien. Aktuell ist vieles extrem maßlos und alles andere als ausgewogen. Wenn etwas maßlos ist, wird es nicht lange existieren können. Es wird sich selbst zerstören. Jeder Wahnsinn, jeder Gigantismus zerstört sich am Ende selbst. Der aktuelle technologische Wahnsinn und Gigantismus ist ungeheuerlich. Ein Monster, ein Drache. Am deutlichsten kann man das bei China sehen. Wie weit das vom Taoismus entfernt ist! Wie weit das von den Weisheiten des I Ging entfernt ist!

Unser Land wird allerdings auch von allen möglichen Idioten und Inkompetenten, von Wahnsinnigen und eitlen Selbstdarstellern regiert. Ich will nicht alles pauschal verdammen, wahrlich nicht, aber was den einfachen Menschen (ich selbst bin nur ein einfacher Bürger) so geboten wird, das überschreitet schon lange das, was man einmal „vernünftig" genannt hatte. Wo ist sie, die Vernunft? Ich kann sie nicht erkennen.

Verstand und Vernunft – zwei wichtige Begriffe für Immanuel Kant. Wo sind sie hin? Sein kategorischer Imperativ mag ja etwas einfach sein, dennoch sollte man eigentlich so handeln, dass die Maxime des Handelns zu einem Gesetz, oder sagen wir zu einen Naturgesetz, werden könnte. Kann man das erkennen? Ich denke nicht.

Warum ist Heliopolis untergegangen?

Viele, viele Jahrhunderte stand die Sonnenstadt, Heliopolis, das spirituelle Zentrum Ägyptens. Errichtet auf einer Sanddüne, dem Urhügel. Kultstätte der Urgötter: Atum, Shu (Gott der Luft), Tefnut (Göttin des Feuers), Geb (Gott der Erde), Nut (Göttin des Himmels), und weiter Osiris, Isis, Seth und Nephthys (Gott des Jenseits, Göttin der Magie, Gott des Chaos und Göttin der Geburt und des Todes.) Die Vielfalt und Komplexität der Götter und Göttinnen wird einem bewusst, wenn man sich eine Liste anschaut. Sie spiegelt, wenn man so will, die Vielfalt der Natur wider.

Heute sind die Relikte von Heliopolis überwuchert von dem Krebsgeschwür der Stadt Kairo. Die Megastädte sind wie Krebsgeschwüre der Erde. Sie vernichten am Ende alles.

Aber warum ist vor über 2000 Jahren Heliopolis untergegangen. Es gab noch nicht den fanatischen, alles vernichtenden Monotheismus, jedenfalls nicht im römischen Reich. Der Monotheismus ist spiritueller Krebs. Vernichtet jede Komplexität, jede Vielfalt, die manchen leider zuwider ist und die sie bis heute bekämpfen und vernichten wollen.

Die Obelisken gibt es noch, die Symbole der Sonne und der Verbindung von Himmel und Erde, aber man hat sie in alle Welt verschleppt. Als Trophäen. Oder sollen sie etwa ein Beweis für Spiritualität und Legitimität sein? Etwa der Obelisk in Rom vor dem Petersdom?

Warum ist die Sonnenstadt untergegangen?

Mühsam versuchen heute Archäologen alles zu rekonstruieren, virtuelle Modelle zu erstellen. Virtuell kann man vieles „auferstehen" lassen. Solche Modelle sind natürlich nicht mit Leben erfüllte Orte.

Wenn ein heiliger Ort so lange Bestand (ca. 3000 Jahre) hatte, dann stellt sich schon die Frage, warum die Kette unterbrochen wurde? Was ist geschehen?

Ist es vielleicht das Ende der archaischen Magie, weil man nun das Militär und vor allem Techniken hatte, großartige Techniken, von denen man berauscht war wie ja heute auch, da man Satelliten ins All schickt, maßlos, grenzenlos und zum Mars reisen will irgendwann?

Es gab ein Haus des Wissens, eine riesige Bibliothek. Heute gibt es neue Häuser für Bücher, gigantische. Wissen ist vielleicht bewahrt worden. Die alten Kulte sicher nicht. Besagte Magie erst recht nicht. Übergang vom magischen Denken zum technischen, zum rationalen Denken?

Es geht mir weniger um endgültige Antworten, darum geht es den Wissenschaftlern, z.B. den Ägyptologen, sondern um das Nachdenken und Nachsinnen über die Prozesse des Untergangs von magischen Weltanschauungen hin zu kalten, technologischen Systemen, bei denen man kein Herz, keine Gefühle und am Ende keine Menschen mehr braucht, sondern nur KI und Rechenzentren.

Kolossale Statuen

Warum sind sie auf die Idee gekommen? Solche Riesenstatuen meißeln und errichten zu lassen? Selbstvergöttlichung oder echtes spirituelles Anliegen? Darstellung der Macht des Pharao und der darüber stehenden Götter?

Es gibt Listen von Kolossalstatuen in aller Welt. Unglaublich, was in den letzten Jahren noch errichtet worden ist. Abstoßend finde ich die Mega-Statue in Indien. 240 Meter. Statue der Einheit. Den Cristo Redentor (38m) in Rio de Janeiro kann man vielleicht noch gut finden. Die Mutter Heimat Statue in Wolgograd noch sinnvoll.

Die deutschen Statuen wie das Hermannsdenkmal oder das Niederwalddenkmal nehmen sich klein und bescheiden aus.

Wir sind die Herren der Welt, und das wollen wir zeigen – vielleicht dachten sie das. Die Herrschenden sind ja seit Jahrtausenden von sich selbst und ihrer Machtfülle berauscht. Hätte Hitler den Krieg gewonnen, gäbe es heute sicher viele Führerstatuen. Riesige für den öffentlichen Raum, und kleine fürs Wohnzimmer. Aber der Führer der Deutschen ist zugrunde gegangen und alle vergangenen Herrscher ebenso.

Hybris ist eine Krankheit des Geistes. Selbsterhöhung ist eine Krankheit des Geistes. Da gibt es nichts zu bewundern in meinen Augen. Damals schon nicht, heute erst recht nicht. In Indien hat man völlig überzogen. Aber auch in China. Gab es vor Jahrtausenden Widerstand in Ägypten? Gab es Weise, die sagten: Ihr habt ja einen „Knall", ihr seid ja verrückt? Waren alle gleich einverstanden und berauscht?

Buddhisten geben sich gerne bescheiden. Warum dann große, neue Statuen für die Tara oder Padmasambhava in Nepal, in Bhutan und anderswo? Sind die Leute, die das entscheiden, keine echten Buddhisten, sondern auch nur berauscht und besessen von der Idee und wollen Touristen anlocken?

Steif und starr sitzen die Statuen von Abu Simbel. Steif und starr, für alle Zeiten. Kult der Erstarrung und der angeblichen „Ewigkeit" als Kontrast zum immer fließenden und sich wandelnden Strom?

Die Freiheitsstatue in New York kennt jeder. Mit dem Sockel 102 Meter hoch. Freiheit, ein schönes Ideal. Die USA haben es ja wunderbar umgesetzt. Vor allem für die herrschende Klasse.

Am Ende werden sie alle wieder verschwinden!

Die moderne Technik-Gesellschaft setzt auch auf Gigantismus. Man betrachte nur die riesigen Windkraftanlagen. Das sind ihre kolossalen Statuen. Man wird nie genug Strom haben, wenn man süchtig ist, wenn man unersättlich ist. Auch die Windkraftanlagen werden alle wieder verschwinden.

Früher haben sie mich geärgert und ich wurde zornig. Heute schüttel ich den Kopf oder lache.

Eure Hybris wird euch zu Fall bringen!

16. Das Verschwinden des deutschen Volkslieds

Vielleicht ist es längst verschwunden, das deutsche Volkslied, denn wenn es kein Volk mehr gibt, dann gibt es auch kein Volkslied mehr. Der deutsche Sänger Heino hatte in einem Interview beklagt, dass er einen Abend mit französischen, englischen oder anderen Liedern anbieten könne, aber keinen mit *deutschen*. So weit ist es gekommen!

Ich bin nicht unbedingt ein Freund des Volksliedes. Ich bin damit nicht aufgewachsen. In meiner Jugend hörte man AFN, American Forces Network, die Beatles und die Stones. Heino wurde da eher verachtet. Viele Jahre später wurde mir bewusst, welches Werk der Sänger hinterlassen hat.

Vor einigen Jahren stieß ich auf einige Sänger und Sängerinnen, die bei Youtube deutsche Volkslieder publiziert haben. Eine Hilde Brun war mir aufgefallen. Ein deutscher Name, und ein deutsches Gesicht hat sie außerdem. (Darf man das eigentlich sagen?)

Eine junge Frau, die sich „Sonnenkind" nennt und unter „Stimme der Heimat" Lieder veröffentlicht. Das klingt für manche schon verdächtig. Lorelina habe ich entdeckt, die mit einer glasklaren Stimme singt. Beide jungen Frauen zeigen nicht ihr Gesicht. Vielleicht wollen sie es nicht, weil sie wissen, dass man sein Gesicht nicht zeigen darf, wenn man alte deutsche Volkslieder singt.

Weiterhin fiel mir ein Ingmar Burghardt auf, dessen Gesänge allerdings sehr nach Kampf klingen. Ob er zum rechten Lager gehört, weiß ich nicht. Er selbst sieht sich wohl als Bewahrer des alten Liedguts.

So verstand sich auch das Gesangsduo „Zupfgeigenhansel" aus den Siebziger Jahren, deren Gesänge mir qualitativ die besten zu sein scheinen. Deren Position war eher links orientiert, und das bezieht sich hier nur auf die Siebziger Jahre.

Jemand sagte einmal zu mir, im Volkslied drücke sich die *Seele* eines Volkes aus. Nur, wenn es das Volk nicht mehr gibt, dann logischerweise auch keine *Seele* mehr, wobei viele Materialisten und Multikulturisten damit ohnehin nichts anfangen können und wollen.

Ich hab' die Nacht geträumet,
wohl einen schweren Traum,
es wuchs in meinem Garten
ein Rosmarienbaum .

Ein Kirchhof war der Garten,
ein Blumenbeet das Grab
und von dem grünen Baume
fiel Kron' und Blüte ab.

Die Blüten tät ich sammeln
in einen goldnen Krug,
der fiel mir aus den Händen,
dass er in Stücke schlug.

Draus sah ich Perlen rinnen
und Tröpflein Rosenrot.
Was mag der Traum bedeuten,
Herzliebster bist Du tot?

(Joachim August Zarnack, 1820)

Der Frühling hat sich eingestellt!
Wohlan, wer will ihn sehn?
Der muss mit mir ins freie Feld,
ins grüne Feld nun gehn.

Er hielt im Walde sich versteckt,
dass niemand ihn mehr sah;
ein Vöglein hat ihn aufgeweckt,
jetzt ist er wieder da.

Jetzt ist der Frühling wieder da,
ihm folgt, wohin er zieht,
nur lauter Freude fern und nah
und lauter Spiel und Lied.

Und allen hat er, groß und klein,
was Schönes mitgebracht,
und sollt's auch nur ein Sträußchen sein
er hat an uns gedacht.

Drum frisch hinaus ins freie Feld,
ins grüne Feld hinaus!
Der Frühling hat sich eingestellt;
wer bliebe da zu Haus?

(Hoffmann von Fallersleben, 1837)

Wenn alle Brünnlein fließen,
so muss man trinken.
Wenn ich mein' Schatz nicht rufen darf,
tu ich ihm winken.
Wenn ich mein' Schatz nicht rufen darf,
juja, rufen darf, tu ich ihm winken!

Ja, winken mit den Äugelein
und treten auf den Fuß.
'S ist eine in der Stube drin,
die meine werden muss!
´S ist eine in der Stube drin,
juja, Stube drin, die meine werden muss!

Warum sollt´ sie's nicht werden?
Ich hab' sie ja so gern.
Sie hat zwei blaue Äugelein,
die leuchten wie zwei Stern'.
Sie hat zwei blaue Äugelein,
juja, Äugelein, die leuchten wie zwei Stern'!

Sie hat zwei rote Wängelein,
sind röter als der Wein.
Ein solches Mädchen find'st du nicht
Wohl unter´m Sonnenschein.
Ein solches Mädchen find´st du nicht,
juja, find'st du nicht, wohl unterm Sonnenschein!

Wir sind durch Deutschland gefahren

Wir sind durch Deutschland gefahren
vom Meer bis zum Alpenschnee,
wir haben noch Wind in den Haaren,
den Wind von den Bergen und Seen.

In den Ohren das Brausen vom Strome,
der Wälder raunender Sang,
das Geläut von den Glocken der Dome,
der Felder Lerchengesang.

In den Augen das Leuchten der Sterne,
das Flimmern der Heidsonnenglut,
und tief in der Seele das Ferne,
das Sehnen das nimmermehr ruht.

Hohe Tannen weisen die Sterne (Das Rübezahllied)

Hohe Tannen weisen die Sterne
An der Iser in schäumender Flut.
Liegt die Heimat auch in weiter Ferne,
Doch du, Rübezahl, hütest sie gut.

Viele Jahre sind schon vergangen,
Und ich sehn' mich nach Hause zurück,
Wo die frohen Lieder oft erklangen ,
Da erlebt' ich der Jugendzeit Glück.

Wo die Tannen steh'n auf den Bergen
Wild vom Sturmwind umbraußt in der Nacht,
Hält der Rübezahl mit seinen Zwergen
Alle Zeiten für uns treue Wacht.

Hast dich uns auch zu eigen gegeben,
Der die Sagen und Märchen erspinnt,
Und im tiefsten Waldesfrieden,
Die Gestalt eines Riesen annimmt.

Komm zu uns an das lodernde Feuer,
An die Berge bei stürmischer Nacht.
Schütz die Zelte, die Heimat, die teure,
Komm und halte bei uns treu die Wacht.

Höre, Rübezahl, laß dir sagen,
Volk und Heimat sind nimmermehr frei.

Schwing die Keule wie in alten Tagen,
Schlage Hader und Zwietracht entzwei.

Drum erhebet die Gläser und trinket
Auf das Wohl dieser Riesengestalt,
Daß sie bald ihre Keule wieder schwinge
Und das Volk und die Heimat befreit.

17. Die uralte Welt der Aborigines

Schon seit vielen Jahren finde ich die Welt der Aborigines sehr interessant und inspirierend! Eines der wohl besten und umfangreichsten Bücher ist das von Robert Lawlor: AM ANFANG WAR DER TRAUM (1993). Das Buch ist sehr vielschichtig und vereinigt vom Stil her vieles miteinander: Philosophie und Poesie, Kultur- und Zivilisationskritik, Ethnologie und Esoterik, Wissenschaft und Spekulation, Kunst und Magie.

Statt Aborigines sollten wir sie vielleicht die australischen Urzeitmenschen nennen, die aus einer Zeit und Welt kommen, die zwar vergangen sind, aber sich bis heute auch erhalten haben, die zig Jahrtausende vor allen Zivilisationen anzusiedeln ist.

Schwingungswelt

Die Aborigines lebten in einer natürlichen, von der Natur kreierten Schwingungswelt. Heute haben wir das Internet, massiven Mobilfunk, werden von Tausenden Satelliten permanent bestahlt. Eine künstliche und technologische Welt der elektromagnetischen Schwingungen.

Es gibt zwei Wege, diese alte Welt zu erfassen, ohne dass man viel lesen und nachdenken muss. Man hört sich Didgeridoo-Musik an. Man betrachtet ein Kunstwerk der Aborigines etwas intensiver. Dabei sollte man sich jedoch auf eine gewisse Meditation einlassen.

Von alten Kulturen lernen

Man kann alte Kulturen, ob unsere Megalithkultur oder die alte Kultur der Aborigines, als eine Sache der Vergangenheit abtun, als überholt. Animismus und Magie gelten als überholt in einer rationalistischen Welt. Aber man könnte und sollte von ihnen lernen, weil sie etwas über die Welt und Natur aussagen, das der moderne Mensch verloren hat.

Traumzeit

Ein Wort, das im Zusammenhang mit den Aborigines immer genannt wird, ist das Wort „Traumzeit". Westliche Theoretiker tun sich damit schwer. Sie wollen es unbedingt definieren, aber es geht hier nicht um Definitionen, sondern um Erfahrungen.

Jetzt, als ich nochmals in alten Werken lese, ist mir das sehr abstrakte und theoretische Denken der Schreiber aufgefallen. Sie bemühen sich redlich, die „geheimnisvolle" Welt zu erfassen, aber ich merke doch, dass sie nicht in der Welt der Aborigines leben, dass ihnen konkrete Erfahrungen fehlen.

Es ist die Rede von einer „metaphysischen Parallelwelt" oder von einem „geistigen Grundmuster". Die Traumzeit ist „ein tief empfundenes, pulsierendes Lebensgefühl" (Craen S. 62). Das ist richtig. Es ist nur leider so, wenn man in der westlichen Kultur von einem Gefühl spricht, dann drückt man indirekt bereits dessen Minderwertigkeit aus, es ist nur ein Gefühl, es ist nicht unbedingt die Wahrheit.

Die reale, konkrete, sichtbare Welt ist wahr. Wir sehen sie, können sie messen, fotographieren und vieles mehr. Die Pintupi nennen diese Welt *Yuti*. Die andere Welt, die Welt der Traumzeit nennen sie *Tjukurrtjana*. Diese Welt ist auch wahr. Beide gehören zusammen und bilden eine Einheit.

„Die tiefe Skepsis der Aborigines gegenüber den westlichen geistigen Errungenschaften und Fähigkeiten bezieht sich nicht nur auf die (nicht vorhandenen) magischen Fähigkeiten des weißen Priesters, der nur redet und nichts bewirkt, sie betrifft auch die „Ebene der Abstraktionen", die im westlichen Denken und Empfinden im Vordergrund steht. Aus aboriginaler Sicht trennen Abstrahieren und Kategorisieren wie eine Mauer den Menschen von der <u>direkten, mystischen Erfahrung göttlicher Mächte ebenso wie von einem natürlichen, naturhaften Leben</u>. Für den Kontakt zum Göttlichen, zu den Schöpfungsmächten der Welt sind Abstraktionen nicht nötig, ja sie sind für den Menschen und die Erde schädlich. Für die Aborigines sind wir Irrende: der natürlichen Welt und dem Göttlichen entfremdet, da sich dessen Wirklichkeit durch rationales Nachdenken nicht erfahren lässt." (Craen S.67; m.U.)

110

Wer sich entfremdet, dessen Schicksal ist klar: der Untergang und das Verschwinden Inzwischen sind wir in der Apokalypse angekommen und der Prozess läuft. Anstatt einen Weg zurück zur Natur zu suchen, drückt man seit der Expo 2000 (Mensch, Natur, Technik), die in Hannover stattgefunden hatte, damals unter dem Kanzler Gerhard Schröder, immer mehr und immer aggressiver den gleichen Knopf, weil man einfach nicht akzeptieren kann und will, dass man sich auf einem Irrweg der Entfremdung und der Entfernung von der Natur befindet, die man unbedingt beherrschen, domestizieren, umgestalten und ausbeuten will. „Mein Wille geschehe", so sagte der Mensch. Das ist die unglaubliche Hybris, der nicht mehr zu steigernde Hochmut des Menschen. Die Indigenen oder diejenigen im Westen, die noch "Kinder der Erde" genannt werden können, erkennen das mit Erschrecken. Die anderen nicht, weil sie denken, es wäre „ihr gutes Recht".

„In der Philosophie Platons, die unser gesamtes abendländisches Denken und Empfinden zutiefst geprägt hat, gilt die stoffliche, irdische Welt letztlich nur als ein mehr oder weniger minderwertiges „Abbild" der metaphysischen Ideensphäre. Für die Aborigines dagegen ist auch die stoffliche Ebene der Wirklichkeit, <u>unsere natürliche Umwelt also, heilig</u> – denn schließlich ist sie das zu Materie, zu Landschaft gewordene Träumen" der Schöpferischen Ahnen. Die „Weltseele" der platonischen Philosophie ist für sie kein abstraktes Prinzip, sondern <u>eine lebendige Kraft</u>, von der unsere Welt zu jeder Zeit durchdrungen ist. Die göttliche Gegenwart in der Welt zeigt sich für die Aborigines in der <u>Gesamtheit der Naturphänomene</u>." (Craen, S.70; m.U.)

Ich denke, dass Platon oft viel zu abstrakt gedeutet und verstanden wurde, und zu wenig mystisch, aber es soll hier um das Weltbild der Aborigines gehen.

Wie die reale Atmosphäre spüren sie gleichzeitig die geistig-spirituelle Atmosphäre. In einem holistischen Weltbild gibt es keine Trennungsmauer und kein Bedürfnis nach Abgrenzung, denn man ist und lebt, fühlt und denkt in der Einheit.

Totem, Tabu und Animismus

Diese drei Wörter drücken die uns fremd gewordene Welt aus, die Welt der Urmenschen.

Wie sieht es bei uns aus?

Status, keine Grenzen und verfügbare Materie. Der Status ist für viele Menschen sehr wichtig. Er drückt sich in ihrem Haus oder in ihrem Auto aus. Der Kult ums Auto kennt im Westen keine Grenzen, und für alles andere gibt es auch keine Grenzen oder soll es keine geben. Also keine Tabus bitte. Man will die Natur überwinden, hinter sich lasen, transformieren, umgestalten. Das hat man bis heute maßlos getan, weltweit, und eine Wende ist nicht in Sicht. Damit man das grenzenlos tun kann, erklärt man die Natur für tot oder empfindungslos, so wie man früher Sklaven als minderwertige Rasse deklariert hatte, die man dann logischerweise gnadenlos ausbeuten kann.

In einer indigene Kultur hingegen fühlt man sich mit einem bestimmten Tier sehr verbunden, weil man irgendwie so ähnlich ist. Das Totem kann dann z.B. ein Känguru sein. (Bei den Indianern z.B. Wolf, Bär, Luchs, Adler etc.) Es ist dann nur logisch, dass es ein Tabu, ein striktes Verbot gibt, dieses Wesen zu töten. Es gehört ja gewissermaßen zur Familie, wie bei uns die Hauskatze oder der Hund, den man niemals töten würde, um ihn zu essen.

Animismus bezieht sich auf die ganze Natur. Sieht man diese als lebendig oder als lebenden Organismus an, dann kann man mit der Natur nicht brutal und ausbeuterisch umgehen, was jedoch unsere ganze Zivilisation will und das auch für gerechtfertigt hält – ganz im Gegensatz zu den Aborigines. Deren Weltbild erklärt man für „primitiv", „überholt", „rückständig", oder was auch immer, dann muss man es nicht ernst nehmen, sein eigenes Weltbild nicht überdenken und kann so weiter machen. Das tut man auch, obgleich man rein mental erkannt hat, dass man das Klima durcheinander gebracht hat. Der westliche Mensch hat ein mentales Verhältnis zur Natur, rational, technisch, pragmatisch, utilitaristisch etc. Der Aborigine ein emotional-empathisches und spirituelles Verhältnis, weil er alles als von Wesen und Geistern bevölkert ansieht. Er selbst ist nur „Leben inmitten von Leben", wie Albert Schweitzer einmal sagte.

Die Regenbogenschlange

Die Regenbogenschlange ist die besondere mythologische Figur der Aborigines. Sie kann sowohl als weibliches als auch als männliches Wesen auftreten, vereinigt aber beide Pole in sich.

Es gibt drei Ebenen:

- der göttliche, universelle Geist
- die Regenbogenschlange, ihre Schöpferkraft
- die physikalische Welt

„Dieses Symbol der Schlange als wirkende Kraft zwischen dem Göttlichen, dem metaphysischen Urgrund der Welt, und der physikalischen Welt der Erscheinungen ist zweifellos ein gewaltiger Archetypus im Sinne C.G. Jungs. Denn die Große Schlange, die ihre welterzeugende Rolle schon in den Mythen der Aborigines, den ältesten Erinnerungen der Menschheit, spielt, taucht auch in späteren Hochkulturen immer wieder auf ... In den zahlreichen Schöpfungsgeschichten des alten Ägypten erscheint sie als die Urschlange *Uraus*, deren Bedeutung sich schon darin ausdrückt, dass sie sich als Gestalt auf einer der geheiligten Kronen des Pharao befindet. Der Körper besteht aus gehämmertem Gold, zieht sich vom Hinterkopf genau über die Furche, die innerhalb des Schädels die beiden Hirnhälften teilt, und der Kopf von *Uraus* bildet mitten auf der Stirn des Pharao ein drittes Auge." (Craen, S. 137)

In Indien heißt sie Kundalini, das soll nicht unerwähnt bleiben.

Die Regenbogenschlange ist ein positives Symbol, das die Schöpferkraft der Natur ausdrückt. Wenn wir so wollen, drückt sie den aufbauenden Aspekt der Entwicklung des Lebens und der Evolution aus.

In Zeiten des Untergangs haben wir die dunkle Seite, die Schlange, die alles verschlingt, die endlose Eskalation von allem Möglichen, das die Welt zerstört. Die Midgardschlange, Jörmungandr, ein gigantisches Wesen, spielt beim Weltuntergang (Ragnarök) in der germanischen Mythologie genau wie der Fenriswolf eine wichtige Rolle.

113

Brauchen wir mythologische Figuren, um den Weltuntergang zu erklären?

Mythologische Figuren und Erklärungen sind uralt. Sie sind in unserem kollektiven Gedächtnis gespeichert. Sie helfen uns schon seit vielen Jahrtausenden, das Weltgeschehen zu deuten.

Heute haben wir die Wissenschaften, denken viele. Aber es stellt sich sofort die Frage, ob wir auf sie hören oder gehört haben. Global warming, overpopulation, human aggression, air pollution etc. (ich nenne hier englische Wörter, weil ich bereits 1980 viele englische Texte im Unterricht genau zu diesen Themen behandelt habe), vor sehr vielen unheilvollen Entwicklungen wurde schon vor über Jahrzehnten gewarnt, und das nicht nur von GREENPEACE. Die Wirtschaft hält die Welt in ihren Klauen wie eine Superkrake, eine Superschlange wie Jörmungandr. Äußerlich und innerlich.

Auf die nüchternen, rationalen Erklärungen will man nicht hören. Die alten Erklärungen lehnt man eher ab. Worauf will man überhaupt hören?

Eigentlich auf nichts und niemanden.

Das scheint mir das eigentliche Problem zu sein. Der Mensch ist zu eingenommen und besessen von sich, seinen Ansprüchen und Zielen, hält sich für selbstbestimmt und ist tatsächlich fremdbestimmt. Ich spreche hier von Besessenheit durch böse, destruktive Geister. Vor allem bei China sehe ich das. Sie bilden sich ein, sie würden den Superdrachen beherrschen, den sie entfesselt haben und immer weiter füttern, aber in Wirklichkeit werden sie beherrscht. Wie weit das von alten Weisen wie Lao Tse entfernt ist!

Alte, christliche Weise wie Hildegard von Bingen würden heute sagen, dass wir uns völlig Satan verschrieben haben und nur eine Rückkehr zu Gott helfen könne, nämlich alles drastisch herunterzufahren und zu reduzieren, alles. Nur ein gottgefälliges Leben könne uns noch retten, wenn überhaupt.

18. Der Untergang der Mongolei

Wie Tibet so war auch die Mongolei immer ein Sehnsuchtsland meiner Träume. Ich war nie dort. Außer Büchern, Filmen und Dokumentationen kenne ich nichts. Ich verband das weite, weite Steppenland immer mit dem Buddhismus und dem Schamanismus.

Die Jurten empfand ich als irgendwie magische Rundhäuser, in denen man alles hatte, was man zum Leben brauchte. Eine Feuerstelle und einen Altar für die Weiße Tara. Draußen standen die Pferde, mit denen man jeder Zeit bis zum Horizont reiten konnte, ohne dass man Menschen oder Maschinen sah. Nichts als Grasland! Wunderbares, weites Grasland!

Eine romantische Sicht, das ist klar. Einseitig, wie eine romantische Sicht nun einmal ist. Eine Träumerei.

Die Realitäten waren karg und hart. Immer nur Fleisch essen zu müssen, weil man kein Gemüse anbauen konnte, nicht mein Fall. Absolut nicht.

Und eisige, extrem kalte Winter, auch nicht mein Fall. Da war man eingesperrt in seiner Jurte, konnte nicht hinaus. Nur auf dem monotonen Klang der Schamanentrommel konnte man reisen. Also eher ein Zwang und weniger ein esoterisches Spielchen im warmen Seminarraum.

Jetzt sah ich eine Dokumentation über die aktuelle Lage. Die unheilvollen Winter mit eisigen, arktischen Temperaturen erscheinen immer häufiger. Millionen von Tieren verendeten. Viele Nomaden verloren alles und mussten nach Ulan Bator ziehen. An den Rand der großen, weiten Stadt. Mussten dort ihre Jurte aufbauen, die sie an das verlorene Leben in der freien Steppe erinnerte. Sie mussten billigste Jobs annehmen, um sich am Leben erhalten zu können, auf den Straßen oder den Müllkippen. Vom Grasland zur Müllkippe mit dem modernen Zivilisationsmüll. Was für ein Abstieg!

So geht die alte Nomaden- und Reiterkultur zugrunde.

Schon vor Jahren sah ich auf Bildern, dass neben der Jurte eine Satellitenschüssel stand, Solarmodule, damit man das dekadente TV-Programm sehen konnte. Das Fernsehen schafft keine Kultur, sondern zerstört sie. Schon vor Jahren habe ich das gedacht. Heute bin ich mehr denn je der Meinung, dass es wirklich so ist. Fernsehen und Filme zerstören das echte Leben. *Ja, aber,* wird mancher sagen, *es gibt auch gute Sachen,* sicher, sicher doch, aber das Echte, das Authentische geht unter. Das Leben mit der Seele des Landes verschwindet. Wie bei den Indigen in Nordamerika, wo es bereits vor Jahrzehnten durch endloses Fernsehen und endlose Werbung zerstört worden ist. Und nicht zuletzt durch totes Fastfood und zuckerhaltige Getränke wie Coca Cola. Essbarer und trinkbarer Müll, der die ganze Welt vergiftet durch Fettleibigkeit und Diabetes. Wer wollte das? Warum, mit welchem Ziel? Süchtige und abhängige Konsumenten?

Die armen Mongolen, sie tun mir leid. Sie waren einst ein stolzes, wildes Volk. Nach der sogenannten „Wende" 1989 reaktivierten sie die Rückbesinnung auf Dschingis Khan, ihren großen Volkshelden, und auf den Schamanismus, den die angeblichen Sozialisten abgrundtief hassten und den sie komplett ausrotten wollten, im Namen des sogenannten Fortschritts.

Ausgerottet wird jetzt in der Tat.

Durchs Fernsehen, durch modernes Stadtleben, durchs Internet, durch die Maschinenkultur, durchs Smartphone, durch Tiktok, durch das sich verändernde, also verschlechternde Klima. Immer weniger Regen soll in der Mongolei fallen, also immer weniger Wasser. Immer mehr Tiere sterben, und damit die alte Kultur der Reiter und Nomaden.

Ich kann nicht beurteilen, wie weit der Untergang gediehen ist, in der Mongolei, aber auch in Tibet, aber ich sehe die Entwicklungstendenz in Richtung einer immer künstlicheren Welt und das exponentielle Wachsen des Untergangs.

Ist da noch eine Wende möglich oder ist das Schicksal längst besiegelt?

19. Der Untergang der „Indianer"

Eine Dokumentation über Buffalo Bill und seine Wildwest-Show hat mich wieder an den Untergang der Indianer erinnert. Das ist lange her. Wounded Knee ist lange her. Das Massaker damals.

Oft wird in den letzten Jahren an den sogenannten „Holocaust" erinnert. Man hat wohl Angst, man könnte ihn vergessen, denn je weniger Zeitzeugen es gibt, desto mehr wird in den Medien erinnert. Gibt es überhaupt noch Täter? Sind sie nicht alle längst verstorben? Ich mag den Ausdruck „Holocaust" nicht, denn die deutschen Wörter wie Massenverbrennung, Massenvernichtung und Völkermord sind eindeutig, klarer, wie ich finde.

An den Untergang der Indianer wird kaum oder gar nicht erinnert. Der große Völkermord, verursacht durch die Amerikaner im neunzehnten Jahrhundert. Es ist schon bezeichnend, dass daran nicht erinnert wird. Es ist allgemein immer interessant, woran eben nicht erinnert wird. Die Amerikaner wollen nicht, dass daran zu oft oder zu intensiv erinnert wird. Das soll Teil ihres heroischen Aufbaus der amerikanischen Nation bleiben, der halt Opfer erfordert hatte. Dass sie ganz bewusst, ganz geplant und mit voller Absicht die indigenen Völker, die vielen indigenen Völker Nordamerikas vertrieben, bekämpft und teilweise ausgerottet haben, wollen sie lieber verdrängen.

Ein Menschheitsverbrechen bleibt aber ein Menschheitsverbrechen, egal, wie man es nennt oder beschreibt, ob man es erwähnt oder absolut zu verdrängen versucht, es bleibt ein Verbrechen.

Als indianisches Denken und indianische Religion eine gewisse Popularität genossen, in den achtziger Jahren des letzten Jahrhunderts, hatte ich mich viel mit der Thematik beschäftigt. Inzwischen ist das lange vergangen und das Thema der „Indianer" scheint mir wieder ins Kinderzimmer verbannt zu sein, wenn überhaupt.

Am Anfang des neunzehnten Jahrhunderts gab es Millionen von frei lebenden Büffeln in der Prärie Nordamerikas. Bis auf ein paar Hundert hat man sie bewusst und geplant ausgerottet, um den indigenen Nomaden die Lebensgrundlage zu nehmen, damit man sie in die Reservate einsperren konnte. Erst die Natur zerstören und die Tiere ausrotten, dann ins Gefängnis,

117

und ein Reservat ist nur ein nettes Wort für Gefängnis, dann noch die Sprache und Kultur verbieten, dann die Kinder den Eltern wegnehmen, um sie in amerikanischen Schulen im westlichen Sinne zu erziehen, ihnen praktisch den wilden Geist auszutreiben. Wilde und freie Menschen passen nicht in eine kapitalistische Diktatur, die man hinter Begriffen wie Demokratie und Freiheit zu verstecken versucht, aber jeder intelligente Mensch durchschaut das perfide Spiel.

Man muss sich nur ein paar Fotos von den erschossenen Büffeln ansehen.

Man muss sich nur die Berge von Knochen, Fellen und Büffelschädeln ansehen.

Man muss sich nur Fotos von dem Massaker 1890 ansehen.

Im Grunde reicht dieses Foto vom toten Big Foot, weil es exemplarisch ist.

Schlimmer als die militärischen Aktionen gegen die Indianer finde ich jedoch die Tatsache, dass man versucht hat, die indigene Kultur auszurotten, indem man die Sprache und die Religion verboten hatte.

„Beginning in the 1600s, European Christians, both Catholics and those of various Protestant denominations, sought to convert Native American tribes from their pre-existing beliefs to Christianity. After the United States gained independence in the late 1700s, its government continued to suppress Indigenous practices and promote forcible conversion. Government agencies and religious organizations often cooperated in these forcible conversion efforts. In many cases, violence was used as a tool of suppression, as in the government's violent eradication of Ghost Dance practitioners in 1890. [1]

By the turn of the 20th century, the American government began to turn to less violent means of suppressing Native American religious beliefs. A series of federal laws was passed banning traditional Indigenous practices such as feasts, Sun Dance ceremonies and the use of the sweat lodge, among others.[2] This government persecution and prosecution officially continued until 1978 with the passage of the American Indian Religious Freedom Act (AIRFA), although it has been argued that the AIRFA had little real effect on the protection of Native religious beliefs.[3][4]" Quelle: Wikipedia

Die Zwangschristianisierung ist ein klares Verbrechen und nicht zu entschuldigen. Hinter der Missionierung steckt die arrogante Haltung, man hätte die einzig richtige und wahre Religion. Doch damit nicht genug. Man verbot die indianische Sprache und Religion. Wie im Text zu lesen: bis 1978. Das ist ungeheuerlich. Von wirklicher Anerkennung und Würdigung indigener Naturreligion ist man aus meiner Sicht noch weit entfernt. Der Absolutheitsanspruch der Christen besteht nach wie vor.

Die „Geistertanzbewegung" war ein hoffnungsloser und verzweifelter Versuch der Indianer, die alte Welt und alte Leben als freie Natives zurückzuholen.

„Ich wusste damals nicht, wie gründlich es zu Ende war. Wenn ich jetzt von diesem hohen Berge meine Alters auf mein langes Leben zurückschaue, dann sehe ich die hingemetzelten Frauen und Kinder in Haufen liegen und längst der vielgekrümmten Schlucht verstreut, so deutlich, als erblicke ich sie noch mit jungen Augen. Und ich begreife, dass noch etwas anderes im blutigen Schlamm gestorben und vom Schneesturm begraben worden ist. Der Traum eines Volkes starb dort. Es war ein schöner Traum.

Und ich, der ich in meiner Jugend mit einem so großen Gesicht (=Vision) bedacht worden – ihr seht mich nun als einen bejammerswerten alten Mann, der nichts vollbracht hat, denn der Ring des Volkes ist zerbrochen und zerfallen. Es gibt keine Mitte mehr, und der heilige Baum ist tot."

Schwarzer Hirsch, S.250. Ende des Buches „Ich rufe mein Volk."

Black Elk sagte das Ende der vierziger Jahre des letzten Jahrhunderts, er lebte von 1863 bis 1950. Heute kann man sagen, dass es in einem gewissen Maß eine Erneuerung gegeben hat. In vielen Büchern wurde der indianische Geist bewahrt. Nach 1978 wurden wieder die alten Rituale vollzogen. Viele Weiße, die offen waren und eine Verbundenheit mit Mutter Erde suchten, lebten den Geist weiter, sei es, dass sie sich genau an die Vorgaben der Lakota hielten, sei es, dass sie eigene, neue Wege beschritten.

20. Der Untergang des schamanischen Weltbildes

In den siebziger Jahren begann eine Renaissance des schamanischen Weltbildes. Man sehnte sich damals zurück nach einem Leben in und mit der Natur, nach intensiven Erlebnissen und einer Spiritualität, die nicht abstrakt und abgehoben war, sondern erd- und landverbunden. Verbunden mit dem „sacred land", wie die Indianer sagen würden.

Damals fand man dieses Weltbild bei den Indianern oder allgemein den indigenen Völkern. Später wollte man es ohne den Kontext, wollte nur die elementaren Techniken, aber nicht das sonstige Umfeld.

Inzwischen sind viele Jahrzehnte vergangen und es ist nur eine Episode im Lauf der Geschichte geblieben. Die moderne Welt geht andere Wege, will andere Wege gehen. Digitalisierung und KI bzw. AI (artificial intelligence) mögen als Stichwörter genügen.

Zum schamanischen Weltbild gehört eine völlig andere Umwelt, als wie wir sie heute überall auf der Erde haben. Eine leere, wenig bevölkerte Umwelt. Weite, menschenleere Landschaften, die einem das Gefühl von Freiheit vermitteln, wo auch große Tiere frei in ihrer eigenen Welt sein können und nicht dauernd von Menschen behindert oder vernichtet werden. In solchen Landschaften kann man die Urkräfte der Erde und die Krafttiere erleben. Hier kann man nah und eng verbunden mit der Erde leben. Tatsache ist und bleibt, dass der Schamanismus eine Weltanschauung und Lebenspraxis der Steinzeit ist.

Wir können wohl nicht zurück, obgleich man es auch nie versucht hat oder versucht. Wir leben längst in einer mehr oder weniger künstlichen, technischen Welt. Im Allgemeinen sind viele für den Schutz der Natur, aber wichtiger ist am Ende doch die ganze moderne, abstrakte Welt und Wirklichkeit.

Im schamanischen Weltbild herrschte die Natur, oder, personifiziert, die Große Mutter. Heute herrscht der Mensch mit seinen tausend Ansprüchen und seinem absoluten Machtanspruch über die Erde. Daran wird sich auf absehbare Zeit nichts ändern.

21. Was man von den indigenen Völkern lernen kann

Jeder weiß, dass sich die Menschheit und ihre Zivilisation in einer existentiellen Krise befinden. Gibt es Wege aus dem drohenden Untergang? Was kann oder sollte ein einzelner Mensch zu tun?

- Sich von der „überdrehten" Zivilisation abwenden.
- Alles reduzieren, was nicht lebensnotwendig ist.
- Sich auf einen spirituellen Weg begeben.
- Sich auf den Tod und das Jenseits vorbereiten.
- Rituale in und mit der Natur machen

Die indigenen Völker haben viele Jahrtausende in und mit der Natur gelebt. Sie mussten das einfach, wenn sie überleben wollten. Seit der Industrialisierung bildet sich der Mensch ein, er müsse sich nicht der Natur unterordnen oder einordnen, sondern er könne die Natur zu seinem Vorteil ausnutzen, verbessern und überwinden.

Jetzt könnten wir uns bewusst für einen Weg der Integration in die Natur entscheiden.

Rituale in und mit der Natur sollten der Harmonie und dem Gleichgewicht der Kräfte dienen, wie auch immer. Sie müssen nicht kompliziert sein, sie können auch ganz einfach sein, denn sie sollen vor allem eine Gesinnung zum Ausdruck bringen, die die Erde, die Tiere, die Pflanzen und die natürliche Natur achtet und würdigt. Darauf kommt es an, und nicht auf lange oder ausgefeilte Rituale.

22. Welchen Göttern huldigen die Menschen in diesen apokalyptischen Zeiten?

Welchen Göttern huldigen die Menschen in den Zeiten der Klimakatastrophe? Was ist ihnen bewusst, was ist es nicht? Was bilden sie sich ein oder behaupten es, und wie verhält es sich tatsächlich? Was ist echt, authentisch, und was nur geheuchelt und vorgetäuscht?

Wie in vielen Bereichen so gibt es auch hier ein heilloses Chaos.

Als ich einige Bilder im Fernsehen sah, dachte ich, dass sie ja dem **Gott Cupido** (Gott der Liebe bei den Römern, aber cupido steht auch für Trieb, Begierde, Habsucht etc., also für die Entfesselung der Leidenschaft) huldigen. Ich will hier keine Namen nennen, denn es geht nicht um einzelne Personen, um irgendeine Show oder irgendeine Demonstration, sondern um das grundlegende Prinzip. Mir geht es allgemein um die grundlegenden Prinzipien, also den Mustern, die den äußeren Ausprägungen zu Grunde liegen. Wenn man es bewusst erkennt und sieht, kann einem übel werden, oder meinetwegen auch nur mir, wie sie überall hemmungslos dem Gott Cupido huldigen. Sie haben leider auch nichts anderes als ihre Sexualität, ihre Begierde, und so kreisen sie eben nur darum. Das ist ihre Sonne, ihr Stern, ihr Feuer.

Die **große Macht** ist ein anderer Stern, dem sie huldigen. Die große, absolute, totale, totalitäre etc. Macht. Macht, Macht und nochmals Macht. Allmächtig muss es sein, unbedingt. Sie mögen es hinter schön klingenden Worten verstecken, aber nimmt man die Bedeckung, die Fassade weg, grinst einen das Totalitäre an. Erschreckend ist es, wie viele Menschen auf der Erde dem Totalitären huldigen. Sie haben sich viel ausgedacht, damit es nicht immer sofort deutlich wird. Leicht kann man sich da täuschen lassen, leicht soll man getäuscht werden. Verführungsspiele gehören dazu, die Täuschung, die große Täuschung, die große Manipulation. *Und führe uns nicht in Versuchung*, beten manche, aber ihr ES, ihr Unbewusstes möchte ja verführt werden und der totalen Macht huldigen. Ihr ES möchte sich unterwerfen, dem großen Pharao, dem Kaiser, dem großen Vorsitzenden, dem großen Präsidenten. Die totale Macht zieht sie an. Nach wie vor, früher und heute, ich sehe keinen Unterschied. Sie möchten einen Schlachtruf herauslassen, die Krieger, und auf ihren Schilden trommeln. Ob sie Sieg Heil brüllen oder Halleluja, das ist egal, wenn es um die Huldigung der absoluten Macht geht. Ob Evangelikale in den USA oder die Soldaten auf dem Roten Platz, sie brüllen für ihren Gott der Macht. Immer noch das Prinzip des Oberaffen, der der stärkste ist, der am besten brüllen kann, dem die Weibchen gehören. Was für ein abstoßendes Theater, was für ein Affentheater. Ob sie jemals das Primatenniveau hinter sich lassen werden? Ob sie sich jemals von dem Oberaffen emanzipieren werden?

Seit Jahrtausenden sind sie alle auf die männliche Seite fixiert. Den **Herrschaftsgott**, der über Leben und Tod bestimmen kann, den Kriegsgott, den Machtgott. Immer ist er männlich, immer dominant, immer stark und groß und absolut. Seit der späten Steinzeit treibt er sein Unwesen, beutet alles aus, die Menschen, die Natur, die Kinder, die Frauen, alles muss beherrscht und ausgebeutet werden, so sein Wille. Mein Wille geschehe! Viel mehr kann er nicht denken.

Im Grunde kann er gar nicht denken, nichts bedenken oder an die Folgen denken. Er kann nur schreien. Das ist ein Befehl! Er kann nur befehlen, der männliche Kriegsgott. Ich kann halt Kriege nur, und sonst gar nichts. Das ist sein Geschrei. Man muss sich nur umschauen auf der Welt. Alle wollen Panzer, U-Boote, Flugzeuge, Drohnen, Raketen, Kampfroboter, was weiß ich nicht alles. Es wird immer weitergehen, wenn sie sich nicht grundlegend ändern. Russland baut eine „Weltuntergangsdrohne“. Großartig, deutlicher geht es nicht.

Weiterhin huldigen sie einem **Gott der Sucht**. Immer mehr, immer noch mehr. Sie kennen kein Maß, sie kennen keine Grenze. Spricht man von Reduktion, dann befürchten sie gleich den Untergang der modernen Welt. Wie kann man diese Spirale der Gier und Sucht beenden?

Die falschen Götter feuern die Apokalypse weiter an. Buchstäblich, wenn man an die brennenden Wälder denkt. Das unheilvolle Feuer ist entfesselt wie der Fenriswolf. Das Unheil nimmt weiter seinen Lauf und am Ende ist die Erde verbrannt.

Soweit die negative Seite. Kommen wir zur positiven.

Eigentlich müssen wir die Aspekte des Negativen nur durch eine positive Orientierung ersetzen. Statt Begierde echte Liebe und Wertschätzung, statt Macht das Miteinander, das Teilen, der Verzicht und die Demut, statt Kampf und Krieg eine ehrliche Gemeinschaft mit allen, mit allen fühlende Wesen auf der Erde. Statt der unersättlichen Sucht die Bescheidenheit, die Zufriedenheit mit dem Einfachen, mit Wenigem. Das läuft natürlich auf eine Umpolung, eine Neuorientierung hinaus.

Was will die Natur? Die Natur will, dass es vielfältiges Leben gibt, aber keiner, keine Spezies darf alles für sich beanspruchen. Geben und Nehmen müssen im Gleichgewicht sein. Die Natur will ein fließendes Gleichgewicht, ein Kreislaufsystem.

Die Menschen auf der ganzen Erde scheinen mir alle sehr fixiert auf alte spirituelle Systeme zu sein. Können alte, patriarchalische Götter der Vergangenheit die Krisen der Gegenwart lösen? Seit der Zeit der Aufklärung setzt man auf Verstand und Vernunft, aber die Realitäten sehen anders aus, denn da sieht man wenig Verstand und oft keine Vernunft. Warum ist der Verstand so schwach und das ES (also die Triebe aller Art) so übermächtig?

Könnte es einen neuen Gott des Gleichgewichts geben?

Könnte es eine neue Göttin der Gerechtigkeit

und der Ausgewogenheit geben?

Müsste es einen neuen Gott des Lichts, der Erleuchtung geben?

Bräuchten wir eine neue Göttin der Mütterlichkeit und des Mitgefühls?

Manche denken sicher, dass Buddha und Jesus schon alles gezeigt und gesagt hätten, dass es nichts Neues geben würde. Mitnichten. Es gibt nicht nur im technischen und wissenschaftlichen Bereich Innovationen. Wir brauchen sie auch und gerade im spirituellen Bereich, denn so wie es aktuell aussieht, kann es nicht mehr weitergehen, sondern führt geradewegs in den Untergang.

23. Das Unheil nimmt weiter seinen Lauf

Überall auf der Erde erkennt man die Symptome, die Zeichen des Un-heils, des Untergangs. Wissenschaftler sind alarmiert, Politiker beschwichti-gen, reden herum, reden schön, normale Leute verdrängen gerne. Im Focus fand ich heute am 5.9.24 folgenden Artikel:

„Weltweit sind Wissenschaftler in Alarmbereitschaft: Der Batagaika-Kra-ter, das „Tor zur Hölle", wächst in Sibirien rasant – und stößt dabei mas-senhaft klimaschädliche Gase aus.

Laut einer aktuellen Studie, die in der Wissenschaftsdatenbank „Science Direct" veröffentlicht wurde, wächst der Batagaika-Krater schneller als erwartet. Der etwa einen Kilometer lange und rund 100 Meter tiefe Krater im russischen Yana-Hochland wurde erstmals 1991 auf Satellitenbildern entdeckt. Anfangs betrug die Schmelz-Rate sieben bis zehn Meter pro Jahr, inzwischen sind es bis zu 30 Meter.

Batagaika-Krater setzt Kohlenstoff frei

Der Batagaika-Krater ist durch Waldrodung und das Auftauen des Permafrostbodens infolge des Klimawandels entstanden. Derzeit werden jährlich bis zu 5000 Tonnen organischer Kohlenstoff freigesetzt, der in der Atmosphäre den Klimawandel weiter anheizt.

Für die jüngste Studie nutzten die Forscher Satellitendaten und Drohnen, um die Entwicklung des Kraters bestmöglich zu analysieren und seine gefährliche Freisetzung von klimaschädlichen Gasen im Auge zu behalten. „Schnelles Auftauen von Permafrostböden ist weit verbreitet und nimmt in eisreichen arktischen und subarktischen Permafrostgebieten zu", schreibt ein Forscherteam in einer Studie, die in „Geomorphology" veröffentlicht wurde. Dennoch sei die Menge an Eis und Sediment, die durch das Auftauen des Batagaika-Megaslumps verloren geht, „außergewöhnlich hoch".

Die Ergebnisse deuten darauf hin, dass insgesamt 35 Millionen Kubikmeter Eis und Sedimente geschmolzen sind, was mehr als 14 großen Pyramiden von Gizeh entspricht."

Sibirien ist weit weg, denkt mancher. Der Amazonas und der verbrennende Regenwald ist weit weg. Wir haben andere Problem, das ungelöste Migrantenproblem oder die Autoindustrie, die nicht mehr so viele Autos verkauft. Was ist da schon ein Loch in der Erde?

Aber wie Krebsgeschwüre kann es größer und größer werden. Als der sibirische Trapp durch einen endlosen Vulkanausbruch entstand, wurde das Leben auf der Erde nahezu vernichtet. Massenaussterben am Ende des Perms. Das ist lange her, mag man denken.

Wir leben auf einem unsicheren Planeten. Immer gab es gigantische Katastrophen. Die menschliche Zivilisation, diese extremistische Massenzivilisation, ist da nur eine von vielen. Der Materialismus, der exzessive, der exponentielle, ist eben ein Extremismus schlimmster Art, den viele kaum erkennen oder erkennen wollen. Die Gier, die Sucht, die Unersättlichkeit, die Todsünde der Unersättlichkeit. Die Diagnose bleibt immer die gleiche, weil die Krankheit die gleiche bleibt und ist.

Seit Wochen ist es zu heiß. Zu viele Tage über dreißig Grad. In meiner Kindheit und Jugend gab es das nicht. Ich persönlich kann die Hitze nicht ertragen. Ich sehe und fühle, dass die Pflanzen und Bäume sie auch nicht ertragen können.

Die heutige „Heißzeit" finde ich bereits unerträglich. Wie soll das noch werden in den kommenden Jahrzehnten?

Man sprach mal vom 1.5 Grad Ziel. Inzwischen hat man das wohl aufgegeben und weiß, dass man es nicht wird erreichen können. Wie auch, wenn man nichts radikal und konsequent herunterfahren will?

Herunterfahren, man kennt es nur beim persönlichen Computer. Die Rechenzentren werden nicht heruntergefahren.

Reduktion – ein Fremdwort, ein Tabu.

Die Nornen, die germanischen Göttinnen des Schicksals helfen uns nicht. Sie sind still und schauen zu. Am Ende sind die Nornen mythologische Figuren aus einer vergangenen Zeit. Wer oder was kann uns noch helfen?

Wir müssen selbst etwas tun. Einerseits müssten wir unsere äußeren Aktivitäten reduzieren, weil sie Treibhausgase produzieren und nicht verringern. Andererseits müssten wir, also alle, die ganze Menschheit, am Bewusstsein arbeiten.

Die unheilvolle Fixierungen loswerden.

Gleichmut und Gelassenheit entwickeln.

Bei uns in Deutschland zerredet man das immer sofort. Hat Einwände und Bedenken. Am Ende der Diskussionen ist dann nichts mehr übrig vom Impuls. Skeptizismus und Relativismus sind destruktiv, weil sie Kraft und Engagement unterminieren. Sie sind so mitverantwortlich für das Elend auf der Erde wie Gier und die Süchte aller Art, wie Faschismus jeder Richtung und Fanatismus jeder Art. Das sind alles nur falsche Programme!

Buddha und sein mittlerer Weg mögen einfach erscheinen. Oder sein achtfacher Pfad, bei dem es immer um **Ausgewogenheit** (in den Übersetzungen ist vom rechten Denken, rechten Meditieren etc. die Rede) in allen Lebensbereichen geht.

Es geht nicht um den Buddhismus, sondern um das, was man lebt, was man in spiritueller Hinsicht lebt, also darum, ob man einen einfachen, authentischen und ausgewogenen Weg geht, der jeden Extremismus meidet, jeden, also darum, dass man in einer inneren und äußeren Balance lebt.

Wie ich höre, brennt es am Brocken. Ich schaue ins Internet, am 7.9.24. Lese Berichte. Den folgenden las ich beim ZDF:

„Der großflächige Waldbrand am höchsten Berg im Harz soll weiter intensiv aus der Luft und am Boden bekämpft werden - mit Hubschraubern, Flugzeugen und vielen Feuerwehrkräften. Nach Angaben des Landkreises vom späten Abend ist das seit Stunden lodernde Feuer am Brocken weiterhin nicht unter Kontrolle und breitet sich ungehindert aus.

Größere Feuerfront entstanden

Viele Brandstellen hätten sich vereinigt und es sei eine größere Feuerfront entstanden, hieß es nach einer Lagebesprechung. Nähere Angaben wollten bis zum frühen Morgen dann weder der Landkreis noch Polizei und Feuerwehr machen.

Einsatzleiter Immo Kramer sagte: "Das THW ist dabei, Wege zu bauen und eine Brücke herzurichten, damit bei Tageslicht der Einsatz am Boden weitergehen kann." An wichtigen Wegen seien Beregner im Einsatz, die mehrere Tausend Liter Wasser pro Minute verteilen, damit die Flammen nicht weiter vorrücken.

Für heute seien vier Löschflugzeuge und sechs Löschhubschrauber angefordert worden, so Kramer. In der Nacht mussten sich einige Feuerwehrkräfte zurückziehen, weil einzelne Schutzstreifen vom Feuer übersprungen wurden."

Eine Karte wäre sinnvoll gewesen. Dann wüsste man genau, wo es brennt. Menschen wurden in Sicherheit gebracht. Schön. Was ist mit den Tieren? Wer bringt die Tiere in Sicherheit? Sie reden niemals davon.

Kürzlich war ich dort oben, am Moor, bei der 1000 Meter Marke, weiter war ich nicht gegangen, weil es mir zu heiß war, einfach zu heiß und bereits um 10 Uhr zu viele Leute unterwegs waren. Neben der Eisenbahn hatten sie einen großen, grünen Sack mit Löschwasser deponiert. Lächerlich, dachte ich, denn das reicht überhaupt nicht lange, nur für ein Brändchen. Ansonsten sah ich keine Vorsichtsmaßnahmen! Es wundert mich nicht, dass es brennt. Es ist zu trocken, viel zu trocken, es liegt einfach viel zu viel Totholz herum und viele rauchende Touristen haben keine Achtung, schmeißen ihre Zigarettenstummel fort.

Bisher hat es im Harz nicht viel gebrannt, verglichen mit Griechenland oder Portugal. Jeder Brand ist eine Katastrophe. Für die Pflanzen, für die Tiere. Der ganze Wald ist krank! Oder tot, oder abgestorben. Der neue Chaoswald mit vielen Brombeeren kann keinen erfreuen. Es sieht aus meiner Sicht alles desolat aus, obgleich ich mich gewissermaßen daran gewöhnt habe, aber wenn ich an die Vergangenheit denke, die noch gar nicht so lange her ist, nicht mal zehn Jahre, dann kann man nur „heulen". Wie ein Schlachtfeld. Der Mensch führt eine Art von Krieg gegen die Natur. Da gibt es „Schlachtfelder". Es gibt zu viele davon. Überall auf der Erde.

Wie ich schon 2007 in meinem Buch über „Mutter Maria" schrieb, müssen wir dann eben untergehen. Damals dachte ich noch, dass man den Prozess aufhalten könnte. Jetzt ist es eigentlich zu spät. Die kommende Heißzeit wird uns drastisch reduzieren oder vernichten. Wir haben selber Schuld. Der Mensch hat selbst Schuld. Was ist in den letzten Jahren nicht alles verbrannt?

Wenn man sich das ganz bewusst machen würde, könnte man wahnsinnig werden.

Wenn die Medien uns das bewusst machen würden, aber sie berichten von einem Ereignis, und dann kommt das nächste, dann wieder der idiotische Ukraine-Krieg oder der verbrecherische im Gaza-Streifen, oder wieder ein Olympiasieger, der eine Goldmedaille geholt hat, toll, eine wirtschaftliche Katastrophe oder ein Verbrechen, eine Messerstecherei, immer ein neues schlimmes Ereignis, es gibt keine Ruhe, es gibt keine Harmonie, der Wahnsinn geht weiter, das Unheil nimmt seinen Lauf wie ein unaufhaltsamer Lavastrom.

Man kennt den Begriff „Kriegstrauma". Gibt es den Begriff „Umwelt-Trauma". Ich habe davon bisher nichts gehört. Bei den indigenen Menschen gibt es eine starke Identifikation mit der Natur, der ganzen Umwelt, weil sie diese als ihren Lebensraum begreifen, im Grunde als ihr Leben. Bei den modernen Stadtmenschen herrscht die Distanz vor. Das Ich ist von der Natur getrennt, sie werden nicht als Einheit gesehen.

Menschen, die sich mit ihrer Umwelt, z.B. dem Wald oder den Bergen, identifizieren, sind mehr oder weniger auch zerstört, wenn ihre Umwelt vernichtet wird. Sie mögen noch leben, aber ihre Seele ist zerstört. Kein Tier kann ohne ein gesundes, ökologisches Habitat existieren. Der moderne Stadtmensch hat sich zu weit von seinem Lebensraum entfernt, so dass er die Zerstörungen der Natur nicht als seine eigenen begreift.

Als vor Jahrzehnten der Gedanke auftauchte, dass die Erde ein Lebewesen sei, wurde das belächelt und abgelehnt. Bis heute sieht man vor allem die Rohstoffe, die man unbedingt braucht und nutzen will, oder die angenehme Freizeitkulisse. Man ist auf sein Ego fixiert oder identifiziert sich vielleicht mit der Familie, dem Hund oder einer kleinen Gruppe, aber nicht mit dem Wald oder einem anderen Raum der Natur.

In einem Bericht über Umweltaktivisten lese ich, dass 2023 196 Umweltschützer in Lateinamerika umgebracht wurden. Brasilien. Mexiko. Honduras. Kolumbien. *Global Witness* hat das publiziert.

Die meisten Verbrechen sollen ungesühnt bleiben. Wundert mich nicht. Die Herrschenden, die Mächtigen des Geldes wollen nicht, dass ihre Geschäfte gestört werden. Bergbau. Rohstoffe. Landwirtschaft. Straßenbau. Immer geht es um große Geschäfte. Man will keine Umweltaktivisten. Dort in Lateinamerika nicht und überhaupt nirgends. Naturschutz ist das Gegenprogramm zur Ausbeutung und Ausnutzung der Erde.

Die Regierungen sollten tätig werden. Aktivisten schützen, heißt es. Umweltschäden verhindern, die durch klimaschädliche Industrien verursacht werden. Aber die Regierungen sind ja nur Marionetten einer herrschen Klasse des Geldes. So bleibt das ein frommer Wunsch von Idealisten, die sich eine andere Welt wünschen.

Und wieder eine Flutkatastrophe. Jahrhundertflut, heißt es, oder gleich Jahrtausendflut. Folgen des Klimawandels, höre ich. Nennt es doch das, was es ist: Klimakatastrophe. Oder *Nature's Revenge*. Die Rache der Natur. Vor über vierzig Jahren gab es schon eine Ausgabe vom *Time Magazine*: *Nature's Revenge*. Die Waffen der Natur sind unbarmherzig. Es ist am Ende nur Physik. Wer eine Atmosphäre aufheizt, muss sich nicht wundern, wenn das schlimme Folgen hat. Punkt. Wer die Natur ausbeutet, muss sich nicht wundern, wenn man am Ende keine Nahrung hat, wenn man ausgelöscht wird. Störenfriede sortiert die Natur aus, gnadenlos. Flutkatastrophen, Waldbrände, Dürren – alles ist schlimm.

Ich sah einen Film über Iain Douglas-Hamilton, dem Elefantenmann. Er setzte sich für das Überleben der Elefanten ein, machte genaue Studien. Seit Jahrzehnten ist das sein Lebenswerk. Die andere Seite waren und sind die Jäger und die Elfenbeinhändler.

Von der Natur ist es klar, wer ausgelöscht werden sollte. Wie löscht man nur diese Brut von Verbrechern aus? Wie wird man sie los, all die Ausbeuter, all die Kriegstreiber, all die Geldmenschen, wie? Gut und Böse mag ein einfacher Schematismus sein, aber was die Natur betrifft, gibt es eben diese zwei Seiten. Die Schützer und Bewahrer – und die anderen. Die Schützer und Bewahrer müssten das Sagen und die Entscheidungsgewalt haben. Die Natur kennt keine Kompromisse, keine Kungeleien, sondern letztendlich nur Physik. Wer sich ihren Naturgesetzen anpasst, kann überleben. Wer nicht, wird aussterben. Punkt. Die Natur ist nun mal rigoros, konsequent und unbarmherzig. Das mag uns nicht gefallen. Wir mögen ein anderes Modell im Kopf oder im Herzen haben. Das interessiert die Natur nicht. Sie hat ihr Programm. Das zieht sie einfach durch.

Nur ein Gott könne uns retten, sagte einmal der Philosoph Heidegger. Aber es rettet uns kein Gott. Ich frage mich, was die Menschen, die von einer vernichtenden Katastrophe heimgesucht worden sind, jetzt und heute, noch glauben, zu wem sie beten. Glauben sie es wirklich? Oder ist es nur ein einprogrammiertes Gewohnheitsmuster, bei dem man sich einbildet, es würde helfen und wirksam sein?

Das Haus zerstört, vom Wasser, vom Feuer, der Garten überschwemmt oder komplett verbrannt, Familienangehörige oder Tiere tot, ersoffen oder verbrannt – kann jemand da noch hoffen?

Täglich erreichen uns die Katastrophen über die Medien. Wir nehmen sie zur Kenntnis. Morgen gibt es eine neue Katastrophe. Wir Wohlstandsbürger in Deutschland sind nur Zuschauer. Die Betroffenen sehen es völlig anders. Das Haus hat der Fluss zerstört. Das Wasser hat die Tiere getötet. Die einfachen Lebensgrundlagen sind vernichtet. Eine Versicherung haben die einfachen Leute im Osten Europas, in Polen oder Rumänien, vermutlich nicht, und selbst wenn, was nützt einem das, wenn alles zerstört worden ist?

Glauben und beten sie noch – oder ist auch das mit dem Hochwasser und der Flut vernichtet worden?

Irgendwo habe ich mal geschrieben, dass ein Gott, der nicht eingreift und wirkt, kein Gott sei, sondern eine Einbildung. Ein Phantom. Schaut man sich die Tatsachen an, leben wir aktuell in einer Hölle, weltweit. Manche trifft das Schicksal, manche nicht, das ist alles.

Es ist ein Zeitalter des Nihilismus. Die bunte und blendende Fassade des Materialismus kann daran nichts ändern. Sie kaschiert nur die Wahrheit.

Nur ein Gott könne uns retten. Heidegger sagte es kurz vor seinem Lebensende. Das war 1976. Er hat sein Leben lang endlos gegen die Vernichtung gedacht und geschrieben, endlos. Wer liest die vielen Seiten? Wer liest das alles? Ein Exzess des Denkens, denke ich heute. Pathologisch.

Viele haben den grauenhaften Vernichtungsprozess und Zerstörungsprozess erkannt. Aber wie alle Analysen bringt das nichts. Es kommt darauf an, die Welt zu verändern. Das war ein anderer deutscher Philosoph.

Deutschland, das Land der Dichter und Denker. Das war einmal. Heute ist es eher das Land der Dussel und Dummköpfe. Und der Oberschlauberger, die darf man nicht vergessen, die vielen, wichtigen Oberschlauberger, die in endlosen Schleifen herum diskutieren.

An welchen Gott hatte Heidegger eigentlich gedacht? Ich weiß es nicht.

LA on Fire

LA on Fire, so hieß es gestern (10.1.25) im Fernsehen. Sie verkaufen es immer noch als Sensation. Sie reden immer noch von der „Klimakrise", die aber längst eine Katastrophe geworden ist.

Ich schaue mir Fotos von National Geographic an. Großartige, apokalyptische Fotos. Aber es geht nicht mehr um ästhetische Gestaltung, es ist die absolute Destruktion. Die Vernichtung. Das Ende des amerikanischen Traums, des „American Way of Life", der von Anfang an falsch wae, weil naturfern und nur auf Eroberung und Usurpation aus.

Indianer und ihre Schamanen hatten schon immer gewarnt. Man hatte nicht auf sie gehört. Man hört auch heute nicht auf sie.

Vor vielen Jahrzehnten spielten sie ihre „Katastrophenfilme", heute müssen sie diese erleben. Das ist die Konsequenz, wenn man böse Geister ruft, die Geister des Feuers!

https://www.nationalgeographic.de/umwelt/2025/01/apokalyptische-szenen-von-den-braenden-in-los-angeles?utm_source=firefox-newtab-de-de

Feuerwehrleute sprechen über Feuer, als wäre es lebendig, sagt National Geographic-Fotograf Mark Thiessen. „Ich kann auch verstehen, warum: Es ist die Art, wie es sich bewegt, seine Wildheit: Feuer gibt erst nach, wenn der Wind nachlässt."

Ein weiterer entscheidender Faktor ist der fehlende Regen. Die Regenzeit in der Region dauert normalerweise von Oktober bis April. Doch im letzten Jahr haben sowohl Herbst als auch Winter bisher kaum Niederschlag gebracht. Das Ergebnis: ungewöhnlich trockene Landschaften, die die Gefahr von Bränden erheblich erhöhen.

Winde sind bis zu einem gewissen Grad vorhersehbar, erklärt Thiessen. So auch aktuell in L.A.: Schon eine Woche vor den Bränden sagten Meteorolog*innen die Ankunft der Santa-Anna-Winde voraus. Diese sind berüchtigt, denn sie wehen von Osten nach Westen – und nicht wie üblich vom Ozean aus nach Osten – und können die Ausbreitung von Bränden extrem begünstigen.

Soweit ein paar Zitate.

Die Fotos gehen um die Welt. Aber es geht nicht um die Qualität von Fotos oder Filmen oder Berichten, es geht um den katastrophalen Einschnitt.

Werden sie jetzt endlich komplett umdenken?

LA ist viel zu groß, verbraucht zu viele Raum, hat zu viele Autos, zu viele Autobahnen, verbraucht zu viel Wasser, viel zu viel Wasser. Es ist alles falsch. Das ganze künstliche Stadt- und Lebenskonzept ist falsch.

Werden sie jetzt wirklich umdenken?

Ich fürchte nicht, es reicht vielleicht immer noch nicht. Tausende von verbrannten Häusern reichen nicht. Es gibt nur wenige Tote. Zu wenige. Es müssen viele Tausende sein. Millionen.

Man lernt aus Katastrophen, so heißt es, so meint man. Aber wie viele Katastrophen sind notwendig, bis man wirklich bereit ist zum Lernen und vor allem zur Änderung? Wie viele Katastrophen braucht der Mensch, bis er zur Umkehr, zur Metanoia bereit ist?

Sie haben nur ihr einseitiges Programm: Gewinne, Genuss, immer mehr, immer besser. Sie werden mit ihrem kranken Programm untergehen.

Ich lese Texte zum aktuellen Bericht der Weltwetterorganistion, 19.3.25. Es ist immer dasselbe: einerseits sind Veränderungen längst unumkehrbar, andererseits meint man, man könne doch noch Ziele (1,5 Grad) erreichen. Sie wollen den drohenden Untergang nicht wahr haben, sie wollen die fatalen politischen Strukturen nicht sehen. Die Mächtigen wollen weiter ihr perfides Spiel spielen.

Natur hat keinen Wert, die Natur als sich selbst regulierendes System hat keine Macht im globalen Spiel der Menschen um Vorherrschaft. .

Letztendlich jedoch sehr wohl, indem sie unsere ganze Zivilisation abschafft. Wer sich nicht an die Regeln der Natur hält, der geht unter. Man denkt es immer wieder, wiederholt es endlos. Man kann nichts anderes sagen, wenn man sich die abschmelzenden Gletscher, die zu warmen Meere, das trockene Land etc. anschaut. Verlust der Biodiversität, Artensterben, Massensterben. Abholzung der Urwälder. Alles hört man seit Jahren, seit Jahrzehnten. Ich sehe keine wirkliche Wende, sondern nur eine unheilvolle Entwicklung, auch wenn sich manche sehr um den Erhalt von Arten oder um die Renaturierung von Landschaften bemühen. Die destruktive Seite jedoch scheint mir übermächtig zu sein, geradezu absolut im Denken und Handeln, sie will nichts ändern, sondern setzt global weiter auf die Ausbeutung der Natur.

24. Die alten Geister, die alten Rituale

In letzter Zeit hört man oft von KI, künstlicher Intelligenz, AI, artificial intelligence. Von der scheint man sich wahre Wunder zu versprechen. Immer kommen die Propheten des technischen Denkens und der Technologien mit neuen „Zaubermitteln" daher, um unsere uralten Probleme als Gattung zu lösen. Ich bin da nicht nur skeptisch, ich glaube nicht daran. Unsere „Todsünden", wie man sie einst nannte, unsere Laster, unsere Gier, unsere Sucht, Aggression und die maßlosen Ansprüche, nichts wird sich durch KI lösen, es sei denn wir überlassen der KI all unsere Entscheidungen, was allerdings dann das Ende der menschlichen Autonomie und Freiheit bedeuten würde.

Ich setze auf die alten Geister, die alten Rituale und Wege, auf die Intelligenz der Natur, der man sich letztendlich eben anpassen muss. Nichts gegen die eine oder andere Technologie, da muss man realistisch sein. Das bedeutet aber auch, dass man vielleicht mal auswählen und entscheiden sollte, und nicht der Ansicht sein sollte, dass jede neue Technologie auch unbedingt realisiert und genutzt werden muss.

Warum soll man in alten Geistern und Ritualen die Lösung des menschlichen Dilemmas sehen?

Ganz einfach, weil sie uns wirklich und intensiv mit der Natur verbinden. Das ist der Aspekt, der allen großen Weltreligionen fehlt. Sie setzten und setzen alle nur auf eine totale Naturbeherrschung durch den Menschen. Der totale Machtanspruch war und ist menschliche Hybris. Viele sogenannte Götter sind da nur Projektionsfiguren für die menschliche Hybris, also pathologisch, also krank und gestört.

Die NATUR hat das Leben geschaffen, sie bestimmt die Regeln, sie entscheidet, sie wirkt und gestaltet, und das ohne uns seit Milliarden von Jahren. Sie braucht uns definitiv nicht.

Einfacher Steinkreis auf einem Berggipfel

Ein sehr einfaches, elementares Ritual ist es, eine Feder in den Boden zu stecken. Damit will man zum Ausdruck bringen, dass man mit der Erde und dem Himmel verbunden ist. Es ist eine Gabe für den universellen Geist des Lebens.

Auf dem Foto sieht man den Gipfel eines Berges, am Horizont einen markanten Berg. Dazwischen liegen landwirtschaftlich genutzte Flächen. Es ist egal, wo das ist. Es gibt in Deutschland viele Orte dieser Art.

Die Gabe einer Feder kann mal als Dank oder Bitte verstehen. Das ist und bleibt immer individuell.

Solche einfachen Rituale gibt es seit der Steinzeit, seit der Menschen gefühlt hat, dass es mehr gibt als Materie und den Kampf um Nahrung. Damals fing vieles an. Gerade das Spirituelle wurde durch große Organisationen verdorben. Sie meinten, sie müssten alles festlegen, regeln und bestimmen.

Versteht man die germanischen Götter und Göttinnen als Ausdruck der wilden Natur, dann sind sie nach Ragnarök nicht untergegangen, sondern leben weiter. Wir sind heute aufgerufen, sofern wir einen Ruf verspüren, sie neu und anders zu denken, zu fühlen und zu erfahren. Die folgenden Fotos wollen das zum Ausdruck bringen.

Es reicht nur leider nicht, wenn ein einzelner Mensch etwas entwickelt und neu entdeckt. Wenn es nicht viele tun, dann verschwindet das wieder. Es muss sich im „Volk" herausbilden. Aber wenn es keines mehr gibt? Wenn es keine Gemeinschaft mehr gibt, sondern nur eine zersplitterte Spaßgesellschaft? Dann entsteht nichts Gemeinsames mehr, oder nur auf oberflächlicher Ebene, Spaß, Vergnügen und Unterhaltung ohne Ende.

Meine Ideen und Impulse richten sich (erst einmal) vor allem an einzelne Individuen, die einen spirituellen Weg gehen, suchen oder entwickeln wollen. Es sind Anregungen, Inspirationen – mehr nicht.

Milanfeder auf dem Vision Peak

Black Elk auf dem Harney Peak, 1937

Federn auf dem Vision Peak – Gaben für den Great Spirit

Wolf E. Matzker, geb. 1951. Naturmystiker, Dichter und Künstler. Der Autor studiert, entwickelt und lebt den naturspirituellen Weg seit Ende der siebziger Jahre.

Werke der letzten Jahre:

Wodans Adler – naturmystische Gedichte 2012 – 2018, 2018
Meer und Traum, das Meer im naturmystischen Weltbild, 2019
Die heilige Heide. Magie und Spiritualität der Heide. 2019
Die deutsche Romantiker-Seele. Auf der Suche nach dem Wesen der deutschen Seele. 2020
Schamanismus und Spiritualität, Über Schamanismus, Kunst, Religion und das Leben, 2021
Waldwege. Der Wald in Zeiten des Klimawandels. Erweiterte Fassung von „Sterbender Wald". 2021
Die Sehnsucht nach einer anderen Welt. Über das Jenseits und Träume von einer anderen Wirklichkeit, 2021
Die Botschaft der Heckenrose, Naturzerstörung und Naturliebe, 2022
Die gute alte Zeit. Über lange vergangene goldene Zeiten, 2022

Odins Weisheit oder die heilige Ordnung der Erde, 2023
Yggdrasil. Neue Deutungen eines alten Symbols, 2024
Die Stimme der Schamanin, Über die Geister vergangener Zeiten, 2024

Alle lieferbaren Bücher: siehe bei Thalia, Bücher.de. Amazon.
Weitere Informationen zum Autor und zu den Büchern unter:

www.visionhill.de

Alle Aquarelle, Fotos, Zeichnungen vom Autor. Ausnahme: historische, gemeinfreie Fotos von Wagner und Big Foot.

Ein paar Literaturtipps:

1. **Craen, Robert**: Geheimnisvoll Kultur der Traumzeit. Die Welt der Aborigines, München 2000
2. **Dahn, Felix und Therese**: Germanische Götter und Heldensagen, Wiesbaden 2004
3. **Doepler und Ranisch**: Walhall. Die Götterwelt der Germanen. Nachdruck der Ausgabe von 1900; Koblenz o.J.
4. **Eilenstein, Harry**: Die Apfelgöttin Idun(a). Die Götter der Germanen, Band 25, Norderstedt 2011
5. **Göbel, Gabriele M.**: Die Mystikerin Hildegard von Bingen, Düsseldorf 1998
6. **Hansen, Walter**: Asgard. Eine Reise in die Götterwelt der Germanen, Köln 2009
7. **Hansen, Walter**: Die Edda. Die germanischen Göttersagen, Rheinbach 2017
8. **Hesse, Hermann**: Freude am Garten, Berlin 2015
9. **Lawlor, Robert**: Am Anfang war der Traum, München 1993
10. **Schwarzer Hirsch:** Ich rufe mein Volk, Lamuv-Verlag, Bornheim 1982
11. **Strehlow, Wighard**: Heilen mit der Kraft der Seele. Die Psychotherapie der heiligen Hildegard. Freiburg im Breisgau, 1996

Zwei Liedtexte über den Untergang der Indianer:

We were all wounded at Wounded Knee

We were all wounded at wounded knee
You and me
We were all wounded at wounded knee
You and me
In the name of manifest destiny
You and me you and me you and me.

They made us many promises
But always broke their word
They penned us in like Buffalo
Drove us like a heard
And finally on the reservation
We were going for our preservation
We were all wiped out by the seventh Calvary
You and me you and me.

Now we make our promises
We won't break our word
Well sing, sing, sing out our story
Till the truth is heard
There's a whole new generation
Which will dream of veneration
Who were not wiped out by the seventh Calvary
You and me you and me.

We were all wounded at wounded knee
You and me
We were all wounded at wounded knee
You and me
In the name of manifest destiny
You and me you and me you and me.

Diese schreckliche Erfahrung betrifft viele kleine Völker, in der Vergangenheit und sogar immer noch in der Gegenwart.

Indian Reservation

They took the whole Cherokee nation
Put us on this reservation
Took away our ways of life
The tomahawk and the bow and knife
Took away our native tongue
And taught their English to our young
And all the beads we made by hand
Are nowadays made in Japan

Cherokee people Cherokee tribe
So proud to live so proud to die

They took the whole Indian Nation
Put us on this reservation
Big built houses by the score
Won't need teepees anymore
Although they've changed our ways of old
They'll never change our hearts and souls
And someday, when the world has learned
Cherokee Indian will return

Cherokee people Cherokee tribe
So proud to live so proud to die

But maybe someday when they learn
Cherokee nation will return, will return
Will return, will return, will return

Wir sind keine Cherokee, kein indianischer Stamm. Für uns stellt sich eher die Frage, ob so etwas wie ein „Stamm" in unserem Lebensraum noch einmal reaktiviert werden kann, oder ob wir uns für immer mit einer multi-ethnischen Massengesellschaft abfinden müssen?

Aquarell, germanische Seherin (Völva)

Odin Felsen ?

Jörmungandr